等待复活

早期欧洲墓葬概观

吴功青 徐诗凌 著

图书在版编目（CIP）数据

等待复活：早期欧洲墓葬概观 / 吴功青，徐诗凌著. —北京：北京大学出版社，2017.3
（沙发图书馆）
ISBN 978-7-301-28123-9

Ⅰ.①等… Ⅱ.①吴…②徐… Ⅲ.①墓葬（考古）—研究—欧洲 Ⅳ.① K885.088.4

中国版本图书馆 CIP 数据核字（2017）第 034701 号

书　　　名	等待复活——早期欧洲墓葬概观 Dengdai Fuhuo
著作责任者	吴功青　徐诗凌 著
责任编辑	田　炜　王晨玉
标准书号	ISBN 978-7-301-28123-9
出版发行	北京大学出版社
地　　　址	北京市海淀区成府路 205 号　100871
网　　　址	http://www.pup.cn　　新浪微博:@北京大学出版社
电子信箱	pkuwsz@126.com
电　　　话	邮购部 62752015　发行部 62750672　编辑部 62752025
印　刷　者	北京中科印刷有限公司
经　销　者	新华书店 650 毫米 ×980 毫米　A5　6.125 印张　120 千字 2017 年 3 月第 1 版　2017 年 3 月第 1 次印刷
定　　　价	42.00 元

未经许可，不得以任何方式复制或抄袭本书之部分或全部内容。
版权所有，侵权必究
举报电话：010-62752024　电子信箱：fd@pup.pku.edu.cn
图书如有印装质量问题，请与出版部联系，电话：010-62756370

序　言

当中国旅行者到达西欧诸国，他们面对的通常是两种景点：宫殿和教堂。如果说游客们可以在宫殿、城堡中一窥过去西方上层阶级生活，饶有兴味地与自家的衣食住行，乃至紫禁城、王府等古迹和古装电视剧里展现的本国上层生活进行对照和理解，教堂就通常更难理解些。教堂不同于其他建筑的外观、结构、组件、大量的雕塑和绘画，都与我们的日常生活经验相去甚远，使我们或者一片茫然，或者冒出千百个"这是什么？"的问题。最常见的一个问题，是关于教堂的地面：地上这些不规则排列的一块块石板是什么？

答曰：这是墓碑。看看，这上面写着姓名和生卒年呢。

吓！就埋在教堂里，叫人踩来踩去啊？！

传统上我们会认为，千人万人踏的门槛、路面，是最低贱的了。祥林嫂为了赎罪，才在庙里捐门槛，代她受人踩踏，死后才不受苦。欧洲这些古人倒是宁愿死后被踩在各色人脚下了？

如果说这是奇怪，人骨教堂则是惊悚了。但除非是确实认为看死人骨头太晦气的，大多数游客还是乐于怀着一些看恐怖片的心情，走到那些由头骨和大腿骨组成的花样装饰穹顶下，发一番生死无常的感叹，同时还是想：用死人骨头来装饰，够大胆的！

一些主题游的游客，除了博物馆、美术馆，可能还会去看墓园，寻访文化名人的坟墓，诸如葬有肖邦、巴尔扎克、王尔德和其他诸多文学艺术大师的巴黎拉雪兹公墓（Cimetière du Père Lachaise），稍小众一些，葬有波德莱尔、萨特和波伏瓦、涂尔干的巴黎蒙帕纳斯公墓（Cimetière du Montparnasse），葬有马克思、斯宾塞的伦敦海盖特公墓（Highgate Cemetery），等等。不过，这些墓园除了墓主特别星光熠熠、碑刻和碑文特别优美，看起来倒和国内的公墓没有本质区别。在这层熟悉的底色上，探访名人墓也就成了体验愉快的文化活动。

独辟蹊径的游客，可能会考虑是否到罗马或西西里的地下墓穴寻幽探秘一番，置身于层层叠叠三面墙的空洞墓穴之间，汗毛悄悄地竖起来。这时，也许游客会想到在徽州宗祠中见过如今已不常见的密密麻麻的灵牌，也许会想到巴蜀三峡的悬棺、藏区的天葬，还有别的什么地方听说的原始部族奇奇怪怪的葬俗。它们都和我们为亲朋、为自己预期的丧葬方式如此不同，以至于我们简直觉得这些活过的人都不可理解。

即便就在当代中国，在我们的亲朋之间，我们也会因为丧葬一事遭遇许多困惑和争议：追悼会上应有什么活动？在哪儿保存骨灰盒，是在家里、公墓格子里，还是花大钱买一块墓地？农村里，怎么为火不火葬闹得这么欢？新出了树葬、海葬、太空葬，这都是什么新鲜噱头？捐献遗体是不是太惊世骇俗？然后，是否用香花鲜果纸钱纸人供养死者？如果我们果然都认为"人死万事空"，只留下个"臭皮囊"，其余什么都"没有"了，那又何必有这么多争议，这么多花头？围绕死去的身体、身体之外那不知到底还在不在的其他的什么，以及对那身体主人的记忆和情感所发生的一切，仍然在激发出我们深切的情感和神秘的思绪。

古今中外，所有人活在世上，都要吃穿住行，都有亲朋邻里，都劳作、休息、繁衍后代，经历悲欢离合；当他们死后，却采用如此不同的方式处理自己的和别人的身体，有的小心保全，有的分割遗体，有的烧成一把粉末，有的交付禽兽之口。这一差别的意义，比住木头房子还是石头房子、用刀叉还是用筷子、乘驴车还是坐汽车的差别更为重大，是不是又比说汉语官话、闽粤方言、叽里咕噜的外语，甚至拜上帝还是拜祖先的差别更为直击人心？

我们隐隐感觉，丧葬方式指向的是生命里我们迟早会遭遇的问题：死亡是怎么回事？它是"生"及其痕迹的彻底终止，还是进入一个不一样的"生"的门槛？如果是前者，现在这个"我"难以想象"没有我"。如果是后者，我也没有办法想象那是怎样的"生"：现在这个用于衣食住行、劳作交际，用于爱、用于恨、用于哭泣和欢笑的熟悉的身体，我的知识、我的情感、我的记忆，还有记着我的亲人爱人朋友，在迈过了死亡这道门槛后，会发生怎样的变化？

对"那从来不曾有一个旅人回来过的神秘之国"[1]的判断和态度，主宰我们的生活：罹患重疾，花多大力挽救？自愿放弃生命是不是、或在怎样的条件下（极度痛苦、屈辱、绝望？）是可以接受的？现在的悲欢、成败、享受，到底有多实在，或多虚幻？让穷人、边缘人活得更好，有多大的意义？人类发明便利，拓展认知，创造功业，有多大的意义呢？

由死亡而反思生活；通过处理死亡，恰当地对待死者，解释、确定并继续生活，是所有的文明、所有的世代都在进行的哲学思考和生活实践。生活和文明的结构在这一基调上展开。也正是基于此，我们是在看到与本国截然不同的坟墓，而不是看到华丽的巴洛克宫殿时，才隐隐感觉：这真的是和我们非常不一样的人。

吴功青师兄和我先后到达意大利的博洛尼亚城求学。这是一个典型的意大利城市，整个城市中心完好保持了中世纪盛期的面貌，在布满数百年无数次修复痕迹的砖块和大理石间，现代的经济和文化生活活跃其间，显出一种混杂而连续的活力。在这样的城市中，教堂内外具有成百乃至上千年历史的墓碑，成了我们在生活和旅行中时时遭遇的对象。当我们开始对它们留意，并一步步探寻它们背后的故事，我们感到自己触及了一些关键的问题：解答了"他们为什么这样葬"，也就窥得了"他们的死是怎样的

---

[1] 莎士比亚：《哈姆雷特》第三幕第一场，朱生豪译本。

死",以及"他们的生是怎样的生"。或者正如功青师兄所说,"基督教墓窖是基督教精神的根本体现"[1]。

这实际上是所有的人文学者都在探索的大问题。作为两名基督教的年轻研究人员,我们打算从一个具体的角度切入,来展开一些探讨:就从我们看到的墓葬地入手考察,一切讨论都从墓地上有形可见的实物生发。从墓地到生活乃至文明,其间的关联意蕴甚深。这也许能帮助我们在庞大的问题和浩如瀚海的前人著述中抓住一些清晰的脉络。

这一尝试最后以此种不那么贴合正统学术的形式呈现为这部小册子中的两篇文章。吴功青师兄对罗马郊外的一处早期基督徒地下墓窖进行了探访,并据此进行了许多文献考察和系统思考(第一部分)。地下墓窖是非常独特的墓葬形式,深入地下却绵延广大,装饰精良,宛如一座供死者使用的宫殿。与始皇陵等真正的地下皇宫不同,这类地下墓窖并非只供一人使用,而是数十万人层层叠叠的栖身之所。为何出现了如此大型的有意识的群体墓葬?为何是如此简薄,又如此宏大的形式?功青师兄为这样的问题所激发,结合对历史背景的理解(第一章),对圣卡里斯托墓窖进行了一番细致游览和历史景象的复现努力(第二章),随后对几个重要问题进行了集中思考(第三章),从独立于传统罗马墓地、集体"沉睡"的墓葬形式,揭示基督徒对死亡和死后

---

[1] 本书第73页。

的理解，以及教会作为他们生前死后所在集体的关键作用；随后进一步深入到一种特殊的死亡：殉道，以及基督徒对这种死亡的反常向往；最后却仍然要回到世俗生活：基督徒对死亡的理解和感受，乃至他们对殉道的向往，恰恰是对美好生活的追求。

功青师兄的考察揭示了基督教诞生以来200余年奠定的基督教信仰基调。而我对求学地博洛尼亚的墓葬考察（第二部分），则覆盖从基督教合法化以来一直延伸到近代的历史，因为这座被考察的教堂直至今日仍很活跃。这座圣司提反堂是意大利乃至西欧许多教堂的一个代表：起源悠久，经历复杂，深深嵌入信徒的生活，但它们的原初功能都很简单：纪念和供奉一两位封圣的死者。事实上，在对圣司提反堂中的圣徒墓的墙、柱、穹顶、雕刻、绘画追根溯源的过程中，我们隐隐看到基督教文明是如何展开并繁盛的。基督教成为罗马国教和随后墓葬习俗的转变是故事的起点（第一章），随后在对这一教堂的两座殉道者墓地的游览和追溯中，讨论殉道者崇拜的兴起和对世俗信众，乃至对城市之间政治关系的影响（第二章），在对另一座圣徒墓的考察中（第三章），我惊讶地发现，整座教堂实际上是对耶稣墓的模仿，由此又涉及耶稣之死在整个基督教生活中的枢纽地位，并延伸到这第三位圣徒由于在本地仿建耶稣墓的大德，死后仍然在城市生活中"活动"，随城市一同繁盛的有趣历史。几乎可以说，圣司提反堂中的诸墓地，就是基督教藉死亡朝向美好生活的具体路径之代表，而我们通常所说的西方文明也在其间充分展开。

当吴飞老师建议我们利用余暇进行这两项考察时，我们才开始博士学业不久，而丧葬也还是吴老师关注的新主题。在博洛尼亚，我们依托于若望二十三世宗教学研究所（Fondazione per le scienze religiose Giovanni XXIII）的丰富资源、宽松环境和师长同事的慷慨友谊，一点一点地跑墓地，追线索，查文献。如今终于付梓，我们均已结束学业，归国有年，吴老师则已与国内诸师友一道，为中国传统和现代的丧葬研究呈现出数部细密又深远的作品。回头看这两则五年前进行的研究小品，不足之处十分明显，但这一主题反复咀嚼，仍余味甘远，如可供有心定睛看"西方"的中国读者品读并有所激发，亦不算无益。

徐诗凌

目录
contents

序言 001

第一部分
神秘的地下宫殿——圣卡里斯托墓窖

第一章　罗马墓葬与圣卡里斯托墓窖 003
　　　　一、罗马墓葬 003
　　　　二、早期基督教与卡里斯托墓窖 010

第二章　走进墓窖 019
　　　　一、构造 019
　　　　二、早期基督徒的墓葬习俗 042
　　　　三、象征 050

第三章　墓窖与早期基督徒的生死观 055
　　　　一、死亡：从"记忆"到"睡眠" 055
　　　　二、死后的"合一"与"无形教会" 060
　　　　三、殉道的激情 063

四、信仰与世俗生活 *070*

结　语 *073*

第二部分
圣司提反堂的圣徒墓

第一章　走出教难的基督教 *079*

　　一、"天上地下所有的权柄都赐给我了" *079*

　　二、"被死亡触摸到的日子" *082*

第二章　由死而生的圣徒与教会 *089*

　　一、"背起十字架来跟从我" *093*

　　二、"这是你们所欲求的" *105*

　　三、"他们会有区别地净化病体吗？" *115*

第三章　虽死犹生的圣徒与城市 *132*

　　一、"一个新的耶路撒冷建成了" *134*

　　二、"那也被称作圣耶路撒冷的" *144*

　　三、"请拯救你的博洛尼亚城及其市民" *160*

插图说明 *182*

第一部分

神秘的地下宫殿——圣卡里斯托墓窖

今天,如果你前往罗马市郊的阿庇安古道(Via Appia Antica),你会在路边看到大片的树林和草地。从外面看,里头就像一个公园,平淡无奇。可是,不论平时还是周末,园内总是游人如织。要是赶上复活节或圣诞节,前往参观的游客更是络绎不绝。

直往里走,果然别开洞天。一条笔直的大道岔开树林,把人引向远处的院落。走近看,弧形的门扇上印着一行红字:圣卡里斯托墓窖(Catacombe Di San Callisto)。弧顶的"纪念品"(意大利文RICORDI,法文SOUVENIRS)字眼下,有牧人肩负一只丢失的羔羊(善牧像),神态安详而喜悦。

◊ 圣卡里斯托墓窖售票处

原来,这里就是著名的圣卡里斯托墓窖。在罗马众多的墓窖中,圣卡里斯托墓窖可谓是其中最巍峨、也是最神秘的一位。说它巍峨,是因为它始建于2世纪,上下共有四层,长廊连起来约有十二公里;说它神秘,是因为它距离地面约有20米,仿佛一座隐蔽的宫殿。曾几何时,"宫殿"中安息着数十位教宗和殉道者的尸骨,是信徒们心中最纯洁的圣地。而如今,它空空如也,却早已被教会册封,引得无数游客从四面八方前来瞻仰。

第一章

罗马墓葬与圣卡里斯托墓窖

一、罗马墓葬

作为一个诞生于罗马帝国时期的基督徒地下墓窖,圣卡里斯托墓窖与当时罗马帝国的政治、律法和文化都紧密相关。因此,为了全面了解圣卡里斯托墓窖,我们需要对罗马人[1]有关墓葬的律法和葬礼的律法和习俗有所认识。

1. 律法

罗马人一直有专门针对墓葬问题的律法。早在公元前451年,罗马元老院就在《十二铜表法》(*duodecim tabularum leges*)中明文规定"尸体不能在城内埋葬或焚烧(Hominem mortuum in Urbe ne sepelito neve urito)"。同样,由凯撒批准并于其死后(公元前

---

[1] 此处所说的"罗马人",是一个广义的概念,指的是整个罗马帝国境内而非罗马城的居民。而在后文谈到基督徒的地方,"罗马人"指的是不包括基督徒在内的罗马人,也即异教徒。考虑到这个区分的重要性,在此特别说明。

44年）颁布的《城市规划法》(*Lex Julia municipalis*) 也明令禁止尸体在城内埋葬[1]。这个规定一直延续至帝国晚期。

不过，伴随着这一系列的禁令，律法也同时确立了罗马居民的"安葬权（ius sepulchri）"。按照规定，凡是罗马人，只要请求，便都有安葬的权利，哪怕是犯人也不例外。这一点，在耶稣身上体现得非常明显。根据《马太福音》的记载，耶稣死后不久，亚利马太的约瑟来求他的身体，"彼拉多就吩咐给他"（《马太福音》27:58）。与耶稣类似的，还有他的门徒彼得和保罗。他们在殉道以后，尸体大多都得到了安葬（图2）[2]。罗马人的这项律法，秉承的是整个希腊文化和罗马文化对死亡的基本理解：人死后，不经安葬便不被诸神接受，其亡灵四处飘散，无法安息。可以说，在希腊人和罗马人眼中，最悲惨的不是战死，而是尸体没有安葬，死后的魂灵到处漂泊。这也是为什么，在荷马史诗中年迈的普里阿摩斯宁愿冒着死亡的危险，也要连夜找到阿基里斯，向他祈求儿子的尸体。

2. 习俗

1）土葬、火葬和木乃伊

《十二铜表法》证明，早在公元前5世纪，土葬和火葬就在

---

[1] 参见 Pasquale Testini,《罗马墓窖和基督徒的古代墓地》(*Le catacomb e gli antichi cimiteri cristiani in Roma*), Bologna, 1966, p. 39.

[2] 优西比乌：《教会史》2:25。

◎ 拉斐尔:《基督被解下十字架》

罗马人当中出现。而照卢克莱修（Lucretius）的记载，罗马人除了实行土葬和火葬，还制作"木乃伊"[1]。可见，从共和国到帝国时期，罗马人前后使用了三种墓葬方式：土葬、火葬和木乃伊。

尽管西塞罗和普林尼（Gaius Plinius）都提到，罗马人的墓葬以土葬为主[2]，但在实际生活中，火葬仍然是一种必不可少的基本形式。比如，罗马史学家塔西佗在描述尼禄之妻波佩阿

---

[1] 见西塞罗：《论律法》（De legibus）3, 890-893。
[2] 见西塞罗：《论律法》（De legibus）2, 22, 56；普林尼：《博物志》（Naturalis Historia）VII, 187。

◉　古罗马壁龛

（Poppaea）的葬礼时，就曾将火葬归为当时的一种"罗马习俗（Romanus mos）"[1]。公元前1世纪到公元1世纪，火葬一度十分盛行。罗马人大建骨灰龛（Columbarium），内设许多小壁龛，

---

[1] 见塔西佗：《编年史》（*Annuls*）16，6。

将装满死人骨灰的骨灰盒或骨灰瓶放入其中[1]。

哈德良皇帝（Hadrianus）在位时期，罗马帝国的石棺雕刻技术突飞猛进，土葬随之逐渐频繁起来。至3世纪，土葬几乎代替了火葬，成为帝国内最主要的墓葬形式[2]。

2）葬礼（Funus）

罗马文明源远流长，且地域差异甚大。不同时期、不同民族和不同区域的文化都有区别。全面地探讨罗马人的葬礼，无疑将是一项巨大的工程。考虑到本书的重点是专门研究基督徒的墓葬，而非对罗马人的墓葬做一般讨论，此处的"葬礼"部分只能做一些基本介绍。

从时间的角度看，葬礼从人的死亡开始，至最后的遗体下葬而终。从根本上说，它的任务就是如何理解和处置尸体。一个人去世，他的亲人还沉浸在巨大的悲痛之中，尸体却开始渐渐发臭，这个时候，安葬死者自然成了亲人面临的头等大事。一方面，从卫生的角度讲，必须要马上安葬尸体。人死以后，身体会迅速生菌、腐烂，如果不迅速安葬，而是放在活人中间，很容易滋生病菌或者霍乱（战争中经常发生）。另一方面，身体虽然已经死去，但他毕竟在本质上还是过去的那个人。他的眉毛、皮

---

[1] J.M.C. Toynbee, *Death And Burial In The Roman World*, The Johns Hopkins University Press, London, 1971, p.40.

[2] Ibid.

肤，身上的筋骨和血脉，都和过去一样。同一个人，从生到死，引发的是亲人无限的哀痛。一个活生生的人，去了哪里？他的气息尽了，还会不会继续存在？会不会有一个死后世界，可以让自己的亲人继续生活？人们在思考、盼望，苦苦地祈求。因为这个原因，人们也必须认真安葬亲人的尸体。

罗马人的葬礼，秉承的正是这一低一高的基本精神。罗马人认为，死亡会带来污染，因此主张对尸体进行清洗和洁净，并让它远离生者；而且，只有安葬死者的尸体，他的亡灵才能在冥府中得以安息[1]。这两点，在葬礼的整个过程中都有鲜明的体现。

按照罗马习俗，一个人去世以后，他的亲人要聚在床边痛哭。他最亲的家属会献上最后一吻，以图抓住他即将离去的灵魂。接下来，他们要合上死者的眼睛，将他从床上搬下来，放到地上，清洗干净并为尸体抹油。如果死者是男性罗马公民的话，人们还会给他穿上袍褂。倘若死者生前曾经赢得过花环，人们还会为他戴上花环。然后，要在死者的嘴中放一枚硬币，用来上卡隆[2]的帆船。

安葬之前，尸体会停放一段时间，供人哀悼。停放的时间视死者的地位和经济状况而定。一般来说，贵族和富人的尸体可以

---

[1] J.M.C. Toynbee, *Death And Burial In The Roman World*, The Johns Hopkins University Press, London, 1971, p. 42。

[2] 传说中的冥界船夫，在维吉尔的《埃涅阿斯纪》卷六；与但丁的《神曲》中均有描写，见但丁：《地狱篇》，第三章。

停放一周，而穷人的尸体常常在死后第二天就埋掉或者烧掉[1]。贫富的差距还体现在葬礼的具体程序上：富人的葬礼，一般会交给专业的殡葬人员（libitinarii）去主持[2]，而穷人的葬礼多由自己的亲友来安排。

除了小孩和穷人，罗马人的葬礼通常在夜间举行。亲友们点上火把，把死者放到专门的担架上，然后由四名或八名至亲的亲友将它抬到城外的某个地方安葬。葬礼的仪式当然也取决于死者及其家属的经济状况。若是穷人，尸体多半就直接埋在地里，胡乱撒点土就算了事；若是富人，通常会先入石棺或木棺，然后再下葬。另外，为了寄托哀思，亲友们还会在死者的尸体旁边放上很多礼物或死者生前的物品（比如宠物），希望它们能陪伴死者的灵魂。罗马人相信死后灵魂不朽[3]，不仅体现在葬礼过程中具体的安排上，还体现在葬礼之后人们对死者的悼念和祭祀中。每逢死者的生日，或者死者去世的周年，亲友们都会聚集起来，在墓地边饮酒吃饭，纪念离去的亲人。罗马人真诚地相信，死者的灵魂可以感知亲友的举动，能与他们一同分享酒食，一起

---

[1] 参考《埃涅阿斯纪》6:28，西塞罗：《为克伦提欧辩护》9:27。

[2] 塞涅卡：《论善好》6:38。

[3] 罗马人"灵魂不朽"的这种理解，可以追溯到其祖先伊特鲁斯卡人，在罗马哲学中也有深刻的体现。考虑到这个问题的难度和复杂，本书先不做处理。可参考 J. M. C. Toynbee 的梳理，见 *Death And Burial In The Roman World*, The Johns Hopkins University Press, London, 1971, p. 33-39。

过幸福的现世生活。他们对死后世界的期望是如此强烈，以至于他们会在土葬或火葬的墓地里挖好洞或者水管，以便可以在葬礼和祭祀的时候，从上面把食物和酒水倒下去。毫不夸张地说，与中国古代类似的习俗相比，罗马人的做法有"过之"而无"不及"。

不过，我们必须看到，虽然罗马人相信灵魂不朽，相信死后世界；但是，死后世界究竟是什么，灵魂如何不朽，他们却莫衷一是，没有确切的说法。尽管有伟大诗人如维吉尔用生动逼真的笔触描写了阴间的景象[1]，但罗马人也只是把它视为维吉尔的个人想象，并不完全当真。对大多数人来说，西塞罗、李维和维吉尔所说的"死后灵魂（Manes）"仍然是个非常模糊的存在。因此，当罗马人把墓地装扮得像生前的家，当他们在墓地里挖好洞或水管，他们真正意欲的，往往并不是一个多么实在的死后世界，而毋宁说是一种期望，一种美好的愿望。

二、早期基督教与卡里斯托墓窖

1. 墓窖建造的背景：早期教会和基督徒

公元30年前后，耶稣在耶路撒冷被钉十字架。他死后，门徒们聚在一起，颂扬耶稣和天国的福音。这个团体，就是后来的基

---

[1] 见《埃涅阿斯记》第六章。

督教会。团体内的信徒，就是后面我们知道的"基督徒"。

和我们今天看到的景象不同，在基督教发展早期，教会和基督徒的处境非常险恶。这是因为，作为一个脱胎于犹太教的新兴宗教，基督教在教义上与帝国的其他宗教有根本的差异。首先，它与犹太教的教义不同。我们从福音书和保罗书信里看得很清楚，耶稣传道时，他称呼自己是"上帝之子"，是《旧约》先知预言中的"弥赛亚"。但犹太人却坚持认为，他们苦苦等待的"弥赛亚"远未到来，耶稣也根本不是所谓的"上帝之子"。其次，它与帝国内其他的多神宗教也不同。耶稣的门徒虽然坚信耶稣有神性，但从根本上仍然继承了犹太教的传统，相信有且只有一个上帝。这一点，与希腊宗教、罗马宗教或者埃及宗教的多神崇拜有质的差异。相应地，基督教在敬拜仪式、集会、习俗等方面都和帝国的传统宗教有明显的分歧。为此，罗马人对基督教的敌视由来已久。从彼拉多受犹太人鼓动处死耶稣开始，到君士坦丁下令基督教合法化，基督教在罗马帝国经历了长达三百年的受难与抗争。

早期的基督徒，主要以下层人民为主。耶稣的十二门徒，要么是税吏，要么是渔夫，地位都比较低。他们常常秘密地聚在一起，祈祷或者敬拜，与周围的环境格格不入。特别是，由于基督教强调敬拜"唯一的真神"，禁止敬拜偶像，而当时罗马帝国的许多皇帝都有自封为神的习惯，两者之间的冲突就更为尖锐。

公元64年，一场大火席卷了罗马城。为逃脱责任，尼禄皇帝向外宣称，基督徒是这场大火的真正主谋，遂下令全城逮捕基督徒，公开地让他们承受各种折磨——或钉十字架，或被恶狗咬死。各种惨状，不一而足。据优西比乌的记载，彼得和保罗就是在这场迫害中殉道的[1]。在这场迫害中，基督徒被贴上"外来的非法迷信（Superstitio illicita et externa）"的标签[2]。"外来"，差不多等同于"外邦的""野蛮的"意思；而"迷信"，通常指的是"没有理性的"下三滥的巫术和魔法。也就是说，在当时罗马人的心里，基督教根本算不得一种宗教，顶多是不入流的迷信而已。罗马人虽然在宗教问题上一向很宽容，但既然基督教算不得正规的宗教，当然只能是"非法的"。

除了"外来的非法迷信"，早期基督徒还陷入各种荒唐的流言当中。有指责基督徒吃自己孩子的，有指责基督徒乱伦的，各种说法五花八门。当然，随着基督教的不断发展，这些流言最后也得以澄清。不过，在1世纪到2世纪的很长时间里，这些流言一度非常盛行。它从一个侧面告诉我们，基督教在发展初期，所面临的仇恨是多么古怪和深刻。

尼禄之后，图密善（Domitian）是第二个残酷迫害基督徒的罗马皇帝。按照优西比乌的记载，他不仅下令杀害许多家世显赫、身居高位的人，而且还下令诛灭所有与大卫同族的人。图密

---

[1] 优西比乌：《教会史》2:25。
[2] 参见《罗马帝国律法中的基督教》（*Il Cristianesimo Nelle Leggi Di Roma Imperiale*），San Paoline，1996，p. 25。

善对基督徒的迫害，不仅打着惩罚"外来的非法迷信"的幌子，而且还给基督教加上了"无神论"这条极为严厉的指控[1]。图密善之后，罗马帝国一直延续了对基督教的敌视态度。至313年君士坦丁大帝颁布《米兰敕令》（*Edictum Mediolanense*）以前，基督教一直是帝国的非法宗教，不断遭受打压的命运。这一点，构成了我们思考基督徒墓窖问题的主要背景。

2. 圣卡里斯托墓窖的历史与今天

1）墓窖的由来

1世纪的基督徒还没有专属自己的墓地。绝大多数时候，他们和异教徒一同埋葬在公众的墓地里。比如，圣彼得就被埋葬在梵蒂冈山上的大型墓地Necropolis（希腊文"墓地"之意）中。2世纪以后，随着基督徒人数的大量增多，教会开始兴建自己的墓地。当时，罗马有很多露天墓地。但是，由于露天墓地里的死者经常实行火葬，基督徒无法接受。早期的基督徒，虔诚地相信基督的身体从十字架上复活，又相信自己能蒙上帝的恩泽，身体有一天也能从死里复活。只有土葬，才能最大程度地保存身体，因此为早期的基督徒普遍接纳。

但是，如果基督徒都实行土葬，也会导致土地不足的问题。

---

[1] 参见《罗马帝国律法中的基督教》（*Il Cristianesimo Nelle Leggi Di Roma Imperiale*），San paoline，1996，p. 27。

如前所述，罗马帝国规定只能在城外埋葬尸体；但相对于当时不断膨胀的人口来说，城外的土地依然有限。早期的基督徒，既不愿像许多罗马人那样重复地使用墓地，又没有足够的资金购买大量的土地，因此，如何埋葬日渐增多的尸体，成为他们面临的一个重要难题。

在这样的背景下，基督徒开始尝试在地下埋葬尸体。通常的做法是：教会募集资金购买一块地皮，然后沿着地面不断地向下挖掘。挖掘的工作一般由"掘墓人"组成的一个专门协会进行。他们藉着微弱的灯光，不断挖掘长廊，并用篮子或者袋子装载泥土，靠长廊拱顶上的天窗（lucernaria）照明。挖出一定的空间之后，他们会在墙壁的四周凿出墓龛，供安葬死者。因这种新凿出的墓地是在地下，且常靠近洞边，基督徒便将它称为"καtά κυμβής（拉丁文：catacumba）"，即为"洞边或洞下"的意思。按照今天的惯例，则称作"墓窖"(catacombe)。

相对于露天墓地，墓窖有两个最主要的优势。第一，是经济实用。如前，露天墓地的问题是难以反复使用，也没有空间继续开拓。而墓窖则不同。首先它的利用率很高，光一面墙壁就可以凿出许多的墓龛。其次，有了这块区域以后，它还可以继续往下挖掘，空间源源不绝。仅此两点，就彻底地解决了墓地不足的问题。第二，是相对安全。地下的墓窖，不像露天的墓地那样显眼，必要的时候，还可以从外面遮掩起来，让人难以发现。前面讲过，早期的基督徒长期遭受压迫，他们的敬拜和团聚常常受到

◐　墓窖挖掘的示意图

政府和异教势力的干扰。现在,有了一块秘密的墓窖,他们就可以在受迫害的时候躲进去,在里面相对自由地活动。

因为上述优点,罗马基督徒建造的墓窖有几十个之多。它们绵延在阿庇安古道、奥勒留路(Via Aurelia)的底下,仿佛一个个幽暗的地下宫殿,闪烁着沉静的光泽。

2）墓窖的建造、埋没与重见天日

圣卡里斯托墓窖的历史，最早可以追溯至2世纪中叶。它的命名，源于受教宗泽菲里诺（Zephyrinus）委任而管理该墓的卡里斯托执事（Callistus，后擢升为教宗）。作为墓窖的负责人，卡里斯托的主要任务是为每个基督徒提供墓穴，让他们得到应有的葬礼。他在职期间，墓窖得到极大的扩建，成为了罗马教会的官方墓地。

2世纪到3世纪的近两百年间，圣卡里斯托墓窖先后埋葬了大量殉道的教宗、主教、执事以及平信徒（据称有五十万之巨），成为基督徒心中圣洁的安息之地。无数人前来举行葬礼、祷告或寄托哀思。特别是在教会受迫害期间，圣卡里斯托墓窖更是挤满了基督徒，他们在里面团聚、举行圣事，靠着殉道者的尸骨坚定信仰的决心。公元313年，君士坦丁和李锡尼（Licinius）联合颁布"米兰敕令"，宣布基督教合法。自此，基督徒再也没有受到迫害。他们可以在城内城外兴建教堂，购买土地，而无须担心被政府没收。不过，直至5世纪初，墓窖仍作为一般的墓地。之后，随着基督教势力的日益壮大，教会恢复在地上举行葬礼，把重要的殉道者安排在教堂内。

自5世纪开始，意大利不断遭受哥特族和伦巴族的入侵。在这些蛮族面前，曾经孔武有力的罗马人显得异常羸弱。包括墓窖在内的许多古迹都受到严重毁坏。8世纪末至9世纪初，教宗对蛮族的抢劫无能为力，只有下令把殉道者和圣人的遗骸运往城中

安东尼·波
西奥

的教堂里安葬。当遗骸纷纷被移走以后，墓窖就再也没有人探访了。除了少数几个墓窖，如圣塞巴斯提安（Sebastian）以外，大多数墓窖已经完全被人遗忘。曾经兴盛一时的圣卡里斯托墓窖，被大片的山泥和植物包裹住，消失在人们的记忆中。直至中世纪末期，几乎都无人知道它们的存在。

直至16世纪，号称"地下罗马的哥伦布"的安东尼·波西奥（Antonio Bosio）才开始陆续地发掘罗马的墓窖。1593年，在一位朋友的帮助下，安东尼第一次进入多米提拉墓窖（Domitilla）。安东尼的举动，鼓舞了后世许多的考古学家和历史学家。1850年，杰出的考古学者，被誉为"基督徒考古学之父和创始人"的约翰-罗西（Giovanni Battista De Rossi）历经千辛万苦，终于发现了卡里斯托墓窖，让这座埋没千年的古墓重见天日。

自约翰-罗西开始，基督教考古学（Archeologia Cristiana）成为一门重要的历史学科，备受关注和重视。1852年，在教宗的指导下，宗座考古委员会（Commissione di Archeologia Sacra）成立，专门负责系统挖掘、研究罗马的墓窖和古建筑。从此，圣卡里斯托墓窖和其他墓窖一起，成了学者关注的焦点。

20世纪以来，圣卡利斯托墓窖更为教会所重视，在全世界享有盛誉。教宗约翰二十三世在参观圣卡里斯托墓窖完后，感叹它是"罗马最庄严、最著名的墓窖"。此外，保罗六世、约翰·保罗二世都曾前往瞻仰、留念。特别是约翰·保罗二世，两次接见宗座考古委员会，并发表有关卡里斯托与其他墓窖的重要讲话，称赞墓窖是"信与爱的学校"，赋予它极大的荣耀[1]。

---

[1] 约翰·保罗二世的讲话请参见《罗马观察报》1996年6月，及1998年1月两期。

第二章

走进墓窖 [1]

一、构造

从罗马的圣塞巴斯提安门（Porta S.Sebastiano）前行500余米，你会看到一间名为"主，你往何处去？（Domine, Quo Vadis?）"的小堂。小堂后面，在阿庇安古道（Via Appia Antica）、阿尔德亚蒂纳路（Via Ardeatina）与七教堂路（Via Delle Sette Chiese）之间，坐落了大片的考古地带。著名的圣卡里斯托建筑群，就在这片近九十公顷的土地中曲折蜿蜒。

建筑群由最核心的几个墓地扩展而成。其中，圣卡里斯托墓窖和路齐纳地窖（Cripte Di Lucina）已经连在了一起；另外，它还包括圣索特尔（San Soter）、圣马可（San Marco）等大面积的墓

---

[1] 该部分参考了卡里斯托墓窖网站 http://www.catacombe.roma.it/indice.html 上的资料。文中的部分内容，由笔者从意大利文和拉丁文直接译出。其余的部分由笔者实地考察得成。但由于卡里斯托墓窖禁止游客拍照，而网上的图片又不够齐全，造成了部分内容缺乏图片参照，颇为遗憾。

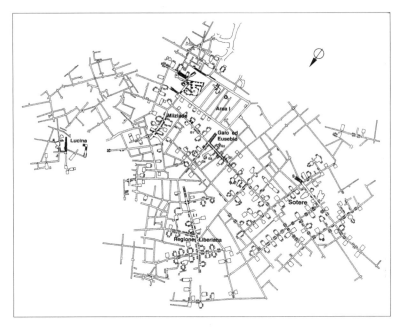

◊ 圣卡里斯托建筑群地图

地。在这个巍峨庄严的建筑群里,卡里斯托墓窖无疑最受瞩目。它就像宝库里最亮的一颗明珠,吸引着远方的信徒和游客频繁光临。

今天我们看到的卡里斯托墓窖,主要包括地面和地下两个部分。地面有两座小圣堂,它们由三个小半圆组成,被称作"Trichorae(拉丁文:三个小半圆)"。圣堂的东边有两个墓穴,分别埋葬了教宗泽菲里诺和年轻的殉道者圣塔尔斯索(San Tarcisius)。地下部分是整个墓窖的主体。其中,最古老最重要的地方是路济纳区、教宗地窖以及圣泽济利亚（Cecilia）地窖。其他重要的区域还有圣米尔蒂亚德区（San Miltiades）、圣该犹（San Gaius）及圣欧瑟伯（San Eusebius）地窖、塞维洛执事小室，以及利比里亚区（Liberian）等。

现在，我们按照旅行通常安排的顺序，首先来到——

1. 地面区域

在地下的墓窖形成以前，这块露天的区域就已经存在了。很长时间内，这里都是异教徒的坟墓。后来，人们在殉道者的坟墓上方或旁边建了陵墓或者小圣堂。该处的古迹里，现存的只有两座小圣堂"Trichorae"。小圣堂的西侧，可能埋葬了教宗泽菲里诺；教宗的旁边，埋葬着另一个年代的年轻人"圣餐殉道者（Martire Dell'Eucaristia）"圣塔尔斯索。教宗圣达玛稣（Sanctus Damasus Papa I）曾为他写了一首赞美诗，纪念他的殉道：

> 当一群恶毒的狂徒冲向
> 捧着圣餐的塔尔斯索
> 企图玷污它，年轻人宁可
> 舍弃自己的生命，也不肯把基督的身体
> 交给那群疯狗。

如今，两座小圣堂都已经修缮完毕。东边的地方，用作小型博物馆，收藏了大量的墓地碑文和石棺碎片，上面刻满了许多《旧约》和《新约》的故事。其中最重要的就是"孩子石棺（Il Sarcofago Del Bambino）"——这么称呼，是因为它的体积较小，且只存有正面的缘故。这块石棺上的场景格外丰富，从《旧约》先知到《新约》福音书，内容一应俱全，真可谓是一所"图画版的教理学校（Catechismo illustrato）"。

石棺的上方，左右两侧分别有一张装饰用的脸谱。从左往右看：诺亚正伸手把鸽子接进方舟（《创世记》8:9）；中间，是两个扶着石碑的仆人；再往右边，是手拿神法卷轴的先知哈巴谷。石棺的下方，最左边是身陷狮子洞里的但以理（《但以理书》6:16-23）；随后，是一个孩子在两个圣人之间举双手祈祷；右侧，靠

孩子石棺

近他们的是迦拿婚宴上水变成酒的奇迹（《约翰福音》2：1-10）；最右边，是耶稣让坟墓里的拉撒路从死里复活（《约翰福音》11:43），跪在他脚下的，是拉撒路的妹妹玛利亚（《约翰福音》12:3）。

显然，石棺上的各种场景并非随意而为，而有极为深刻的象征意义：藉着洗礼（诺亚），基督徒重获上帝的生命。这种生命是神圣的，但也有赖于圣餐和圣事（迦拿婚宴上的酒）的滋养。圣餐和圣事并非寻常小事，而是人获得最终拯救的根本保证。藉助它们，基督徒（孩子）将抵达天堂并居住在那里（祈祷）。整幅图画，将《旧约》与《新约》的故事有机地串连在了一起，既向我们清晰地呈现了早期基督徒对于《圣经》的理解水平，又将基督徒对复活的盼望生动地表达了出来（《约翰福音》6:54，"吃我肉喝我血的人就有永生，在末日我要叫他复活"）。

2. 地下墓窖

1）入口

现在入口处的楼梯，是在原有的遗址上改造而成的。旧楼梯于教宗圣达玛稣时代开辟，旨在方便基督徒前往殉道者的坟墓。沿着楼梯的墙上，贴满很多封闭墓穴的残片。

继续走，你会在楼梯口的右侧看到一座善牧雕像（Buon Pastore）。它是4世纪一座著名雕像的复制品，其真品如今在梵蒂冈博物馆内收藏。雕像上，善牧者肩上背着小羊羔，象征基督背负他所拯救的灵魂（《约翰福音》10:11，"我是好牧人，好牧人为羊舍命"）。

沿着楼梯的墙上，还刻有一些铭文。其中有一段，把死亡之日称为"死者进入光明之日（Cuius dies inluxit）"。铭文说：

> 阿格里比纳（Agrippina）把灵魂交与上帝……
> 进入光明里……
> 安葬于月中（Ides）[1]……

这段铭文十分重要。它向我们清楚地指出：在早期基督徒的眼里，死亡并非毁灭和黑暗，而是"把灵魂交与上帝"，通过上帝的拯救获得光明的历程。这一点，我们会在后面更集中地探讨。

在楼梯脚下，一面被玻璃隔起来的墙上划满了涂鸦。涂鸦有名字、单字，也有祈祷的短句，通常为朝圣者参观墓窟时用利器所刻。这种涂鸦，在殉道者墓地附近的墙上尤其常见。比如，"圣西斯笃（San Sixtus）啊，请你在祷告中纪念我……"还有位不知名的基督徒，把教宗地窖比作天上的耶路撒冷，充满仰慕之情地刻下"耶路撒冷啊，你是上帝殉道者的城邑和荣耀"。

墙的左边，是通往教宗地窖的入口。

---

[1] Ides，指罗马历中的3、5、7、10月中的第15日以及其他月份的第13日。

2）教宗地窖

由考古学家约翰·罗西于1854年发现的教宗地窖，是整个墓窖中最古老最重要的地方。罗西称赞它为"小梵蒂冈"和"全部基督徒墓地的中心古迹"，其神圣的地位可见一斑。

教宗地窖的历史可以追溯至公元2世纪末期。当时，它还只是个私人地窖。后来，当这块区域捐给罗马教会管理以后，逐渐被改造成3世纪教宗的墓地。

教宗地窖

这块矩形的地窖包括四个壁龛（内有石棺），左右每边各六个坟墓，共计十六个墓。在最里边的墙前面，还造了一座纪念碑似的墓，被称为"mensa（拉丁语'祭台'之意）"。公元3世纪开始，这里陆续埋葬了九位教宗和八位主教的遗体。但由于历史的原因，如今这些墓地都空空如也。

四块墓碑上，除了教宗的名字以外，还刻有"主教"的头衔。这是因为，在教会发展早期，教宗同时也是罗马教会的首领。直到4世纪，教宗才成为罗马主教的专门称号。刻在墓碑上的教宗的名字有：

教宗圣彭谦（Sanctus Pontianus, 230—235）——受罗马皇帝马克西米努斯的迫害，被流放到撒丁岛上的矿场做苦工。他刚抵达撒丁岛，就宣布退位，避免教会因他的流放而受影响。很快，恶劣的气候和矿场上的折磨就让他一命呜呼。他去世时，被教会视为是真正的殉道者。几年后，教宗圣法比盎（Sanctus Fabianus, 236—250）将他的遗体从撒丁岛上领回，为他举行了隆重的葬礼，将他埋葬在这个教宗地窖里。

教宗圣安塞罗（Sanctus Anterus, 235—236），希腊人。在位仅四十余天，且都是在监狱里度过的。

教宗圣法比盎，罗马人，在圣安塞罗之后被擢升为教宗。他在位期间，恰逢宗教迫害刚刚结束，教会比较和平的一段时间。他是罗马教会的伟大组织者。在他的领导下，罗马被分成七个教会区，每个区又分有自己的堂区（Tituli），以及各自的圣职人员和墓窖（或墓地）。但不幸的是，德基乌斯皇帝上台后，重新发动了对基督徒的新一轮迫害，圣法比盎被斩首。

教宗圣路济纳（Sanctus Lucius, 253—254）。任期仅八个月，其中有一段时间被流放到奇维塔韦基亚（Civitavecchia）。

教宗圣欧提齐盎（Sanctus Eutychianus, 275—283），生于意大利的利古里亚（Liguria），是九位教宗中最后一位被埋在这里的。

教宗圣西斯笃二世（Sanctus Sixtus, 257—258），被视为圣卡里斯托墓窖里最杰出的殉道者，也是早期教会最著名的殉道圣人之一。他的殉道经历极其简单：当他在圣卡里斯托墓窖举行圣餐礼时，瓦莱里安皇帝的士兵将他擒拿。他被草草盘问之后，就与四位执事在当天被斩首。

教宗地窖右方的墙上，有两块碎片，上面有圣达玛稣写的一首诗，赞美圣西斯笃二世的殉道[1]：

当利剑（迫害）
穿过母亲（教会）的内脏，
我（西斯笃二世）埋在这里，如一个牧者（教宗）
教导圣言（圣经）。
可那时，看那！士兵突然闯了进来，
将我从讲台（主教）上扯下。

---

[1] 诗里括号的内容为象征义。

信众用脖子迎向利剑

（即为'信众试图用生命来就教宗'之意）。

但是，当牧者一看到夺走他的棕榈（殉道），

率先献出了自己和头颅，因为，

他无法容忍疯狂（异教徒），

伤害别人。

分配奖赏的基督，

他要展现牧者的功绩，

好让他的羊群免受损伤。

此外，在圣西斯笃二世的坟墓前，教宗圣达玛稣也用拉丁文刻了一首六音步诗（esametro），用来纪念这个地窖和整个墓窖里的殉道者和信众：

如果你寻，你就知道这里

安息了一群有福的人。

尊贵的坟墓只关住圣人的身体，

但天上的神殿，却将他们崇高的灵魂紧紧抓住。

西斯笃的同伴，

也将从仇敌那里赢来的战利品高高举起。

这里，有守护基督祭台的长老，

这里，有长眠在永久和平中的主教；

◎ 圣达玛稣纪念殉道者的诗

这里，有从希腊派来的精修者；

这里，大小老幼

无不愿意守护他们的贞洁。

这里，还有我，达玛稣，赞美他

恨不得自己也埋在这里，

只怕玷污了这些圣人的骨灰。

这首诗里，"西斯笃的同伴"是与他一起殉道的四位执事：真纳罗（Gennaro）、玛格诺（Magno）、文森特（Vincent）和司提反（Stefano）。"长老"，是指埋葬在这里的教宗。"长眠的主教"是一位在戴克里先大迫害时期以前的某位教宗，圣法比盎或者圣狄奥尼修斯（Sanctus Dionysius，259—268）。"从希腊派来的精修者"也是一批殉道者：保利纳（Paulina）、优西比乌或玛尔提亚（Martia）等人，他们都是埋葬在圣卡里斯托墓窖的。

除了上述几位教宗，埋在这里的还有圣斯德望一世（Sanctus Stephanus，254—257）和圣斐理斯一世（Sanctus Felix，269—274）。不过，他们和圣狄奥尼修斯的墓一样，都没有铭文。

从教宗地窖的左墙出来，我们现在来到——

3）圣则济利亚地窖

地窖的左侧，是一座大壁龛，圣女则济利亚的遗体曾安放其

圣则济利亚地窖

中。821年，当时的教宗巴斯加一世为了躲避蛮族的侵袭，将圣女的尸体转移到罗马城内的特拉斯提弗列区（Trastevere）的一所教堂里。

左侧下方的雕像，是著名雕刻家马德尔诺（Maderno）原作的复制品。雕像的位置就是圣女的遗体曾经安放的地方。雕像上的圣女脖子上有剑痕，左手伸出一个指头，右手伸出三个指头——相传，这个手势代表她信仰上帝的三位一体。

地窖曾布满镶嵌画和壁画，但由于年久失修，多数已经剥落，难以辨认。左侧墙上，有两幅拜占庭风格的壁画，可追溯至8到9世纪。上方的那张壁画里，是圣女则济利亚张开双手在虔诚地祈祷；下方，是"全能者"基督手持福音书的圣像。它的右下方，有圣则济利亚同代的殉道者，教宗乌尔巴诺一世（Sanctus Urbanus，223—230）的画像。天窗的墙上，能看见两只羔羊和三位殉道者，以及中间的十字架。

地窖里存有许多铭文。其中最重要的，是3世纪末的元老院议员塞蒂穆斯·弗隆顿（Septimius Fronton）的希腊语铭文：

> 我，塞蒂穆斯·弗隆顿·普里特塔图斯·路济里亚努斯，
>
> 上帝的仆人，安息于此。
>
> 对于生前正直的生活，我从无悔意。
>
> 主啊，我也要在天上侍奉你，

> 赞美你的名，
> 我于三十三岁零六个月将灵魂交回上帝。

这段铭文非常值得注意。因为，该墓的主人并非一般的罗马平民，而是地位极高的元老院议员。这提醒我们，早至3世纪末期时，基督教在帝国的传教策略已经相当成功，不仅让普通百姓、也让帝国的高官显贵踏上了信仰之路。它的后果，就是使基督教深入到罗马帝国当中，逐渐成为当时的一股政治力量。从这个角度出发，我们或许能够断定：从罗马帝国早期对基督教的迫害到君士坦丁对基督教的宽容，这个过程并非简单的"突变"，而具有相当的历史延续性。

4）圣事小室

经过长廊，我们来到五间圣事小室。小室里的壁画可以追溯至3世纪初。它们的手法多以象征为主，用以描绘洗礼、圣餐和圣事。

在第二间小室的后墙上，有基督徒洗礼的最古老表达：一位祭司穿着外衣和披肩，把右手放在赤裸的受洗者的头上，用水为他施洗。此外，洗礼的其他象征还包括：渔夫，井边的撒玛利亚妇女（《约翰福音》 4：5-29），以及毕士大的瘫子（《约翰福音》5：1-9）。

在这些墓穴小室里，最常见的、用来象征圣餐和圣事的图画

◐ 圣餐礼

就是增饼的故事。众所周知,耶稣曾行过增饼的奇迹,让五千人吃饱(《约翰福音》6:1-15;6:51)。小室内的图画,经常以同样的手法重复这个景象:七个人围着一张桌子用餐。餐桌上,摆放了两三碟面包;桌子旁边,是一篮一篮的饼,内置七至十二个面包。

之所以是七个人用餐,是因为在基督教的语境里,"七"一般表示"完全"(上帝用七日创世)。饼放十二个,则是因为耶稣有十二个门徒。"七"或者"十二",寓指的都是基督徒的集体获救。

除了洗礼和圣餐礼的意象,这些图画里最常见的象征就是约拿（Jonah）。一个《旧约》先知，为什么备受基督徒的青睐呢？这自然与约拿的形象分不开。根据先知书的有关记载（《约拿书》），约拿曾被派往国外，跟尼尼微人讲道，劝他们悔改。从基督教的视角看，约拿象征的是众人得救的召唤。当时埋在墓窖里的基督徒，很多从前也是异教徒，属于约拿所召唤的"外邦人"。因此，基督徒把约拿画在墙上，是为了藉先知的形象比喻上帝救赎的仁慈，表达一种渴求获得拯救的美好愿望。

另外，约拿也是复活的象征。在《马太福音》里，耶稣曾明

◐ 约拿在海上的遭遇

确宣告,"约拿三日三夜在大鱼肚腹中,人子也要这样三日三夜在地里头"(《马太福音》10:40),将约拿视为必定复活的人物。基督徒把约拿刻在墙上,是希望自己也能像约拿一样,从死里复活。

圣事小室的尽头,是一段"殉道者长梯"(La scala dei martiri)。这段长梯大约在 2 世纪中叶就已开凿,一直保留至今。之所以把它称为"殉道者长梯",是因为埋葬在附近的教宗都曾经经过这里。据说,在基督徒受迫害期间,年轻的圣塔尔斯索前往殉道教宗的墓前祈祷,或取圣餐送给监狱和家里的基督徒时,就曾经用过这段楼梯。

今天,这段楼梯仍然在使用。斑驳的石板和泥土仍留在那里,千年不变。

5)圣欧瑟伯地窖

从第一间圣事小室出来,经过圣米尔蒂亚德区,我们来到了与圣该犹地窖相邻的圣欧瑟伯地窖。

这个地窖有三间拱顶小室,靠右边墙的那间安葬了圣欧瑟伯。在这间小室里,我们发现了一块云石板,板的两边都刻有文字:一边是教宗圣达玛稣纪念欧瑟伯的铭文,另一边是纪念罗马皇帝卡拉卡拉的铭文。

教宗达玛稣的铭文非常重要。它记述了教宗圣欧瑟伯对待叛教者的善良和仁慈。在迫害期间,这些叛教者为了逃避殉道,公开或半公开地放弃自己的信仰。而一等迫害结束，大多数叛教者又会重新要求加入教会团体。但是，叛教者的这种要求，不为教会内的保守势力所接受。当时，以罗马的赫拉克流斯（Heraclius）为首的势力就公开反对宽恕他们。而教宗圣欧瑟伯的态度与之截然相反，他认为，要追随耶稣的榜样，像他那样宽恕罪人。叛教者只要经过充足的忏悔期，就能得到宽恕。

双方的争执愈演愈烈，以至于惊动了罗马皇帝。310年，马克森提乌斯（Maxentius）宣布同时流放两派的领袖。欧瑟伯被发配到西西里，不久就在那里饿死。他死后，教会将他册封为"殉道者"，被安葬在圣卡里斯托墓窟内。

为纪念他的殉道，教宗圣达玛稣写下一段深情的铭文：

> 赫拉克流斯不容纳那些叛教者改过自新。
> 欧瑟伯却教导说，这些不幸的人
> 可以为自己的罪而哭泣（补赎）。
> 那些人，激情澎湃，分成两派，
> 陷入暴动、争斗与不和。
> 可结果，两者同时被流放。
> 教宗，心平气和地接受了流放之苦，
> 等待神圣的审判。
> 在西西里的海岸边，
> 抛下了尘世。

这段铭文提醒我们注意,早期教会在对待叛教者的问题上,有两种截然不同的态度:保守派坚决排斥叛教者的回归,而温和派则主张,只要叛教者能够悔过自新,教会仍然愿意张开双手迎接他们的新生。两者的不同,反映的是教会对待殉道问题的复杂立场。

6)塞维洛执事小室

从圣欧瑟伯地窖出来,经过一段纵横交错的长廊后,我们来到五圣小室对面的塞维洛执事小室。

◐ 教宗PP的缩写

塞维洛执事小室虽小，但非常重要。一方面，塞维洛执事首次在铭文中用"教宗"来称呼罗马主教。他说，"经教宗玛策林（Sanctus Marcellinus，296—304）同意，塞维洛执事可以修建两个墓穴……"自此，教宗才成为罗马主教的同义词。不过，墓碑上并非将"教宗"一词全部刻上，而是用简写的"PP（教宗的缩写）"来代替。从那以后，"PP"就成了教宗的简称，直到今天，教廷仍在使用。

另一方面，塞维洛的铭文还生动地描述了肉身复活的教义，对于我们理解早期基督教的信仰极为关键。铭文上说，"必死的身体安静地埋葬在这里，直到主让它复活。藉着他的圣灵，主取走了塞维拉（塞维洛之女）无比纯洁和神圣的灵魂，又将身体归还它，赐予它灵性的荣耀。九年十一个月零十五天，她就过完了这一生。"

7）利比里亚区

开凿于4世纪下半叶的利比里亚区，位于圣卡里斯托墓窖的北部。它是根据考古学家罗西所发现的三块圣利比里亚（Papa Liberius，352—366）时期的铭文而命名的。

利比里亚区最主要的特色，是在于它拥有数量惊人的铭文。整个圣卡里斯托墓窖的两千三百七十八篇铭文，不管完好无损还是破烂不堪，大多数都藏于这里。铭文的内容极为丰富：它们既见证了早期基督徒的死亡和信仰，又见证了他们的家庭和社会生活，是我们理解早期基督教时不可多得的历史材料。这里，我们将铭文分成"信仰方面""婚姻和家庭生活方面"以及"社会工作方面"等三类,做一些基本介绍。

A. 信仰方面的铭文

如前所叙,"米兰敕令"以前,基督教不仅在政治上受到压制,而且也深受异教的诽谤,经常被指责为"不合群""不诚实""不爱生产"等等。面对异教徒的无端指责,教会里的伟大学者(如德尔图良和奥利金等)苦心孤诣,从信仰和知识的层面做出了深刻的回应。他们的努力,无形中使基督教在精神层面上摆脱了早期的落后面貌,具有了更高的理论形式,对于基督教的丰富和发展起到了巨大的影响。

不过,要想彻底回击异教徒的这些指责,仅仅靠理论上的辩驳仍然不够。基督徒究竟是否"诚实""合群",最终仍然要靠一个个基督徒的生活实践来证明。只有当广大的平信徒用最朴实的生活证明自己的"诚实"和"合群",基督教才能击败这些谣言,在道德舆论上占据优势地位。从这个角度来说,千千万万的平信徒才是"护教"大业中的真正主力军。

早期基督徒的这种努力,生动地体现在了墓碑上的铭文里。在利比里亚区的墓碑上,我们频繁地看到,"他们生活得正直和圣洁""他们从上帝那里学会生活正直"等类似铭文。它们静静地立在那里,不仅是对上帝的宣言,更像是对异教徒的宣言。

除了上述铭文,我们经常看到的字句还有"安眠""复活""光明"等等。如,"温柔纯洁的塞维利亚在基督的标记里,在平

安的睡眠里，安息于此。他活了差不多五十年。他的灵魂被接至上帝的光明之中。"又比如圣达玛稣写的铭文，

> 他把生命施舍给那些
> 埋在地下的种子。
> 他在黑暗之后解除死亡的锁链，
> 让马大的兄弟[1]三日内复活。
> 我，也相信，上帝将使达玛稣升天。

B. 婚姻和家庭生活方面的铭文

这部分的铭文不仅数量巨大，且让人印象深刻。阅读这些铭文，你会感觉你面对的不是基督徒，而是一个个最最普通的人。铭文里，既有家庭的欢欣、离别的痛苦，又有爱情的甜蜜和悲伤。他们的感情，和普通人并没什么两样，比如：

> 凯尔苏斯·欧托彼奥失去了年轻的妻子。他们一起度过十一年的快乐婚姻。现在，她去了，享年三十来岁。在墓碑上，他写下：与她共处的时光宛若天堂。爱妻凯尔苏斯·欧托彼奥，总与我一起生活，却并未损害我的灵魂和生命（Sine ulla lesione animi mei）。她享年三十一岁九个月零十五

---

[1] 即拉撒路，出自《约翰福音》11:5。

天……永远怀念，安息。

这段铭文如此忧伤、深情，今天读来仍让人难忘。它告诉我们，早期基督徒也是平常人，也有平常人的幸福和痛苦。十一年的快乐婚姻，是与世人一样的幸福；爱妻早早离去，亦有常人一样的痛苦。只是，和平常人相比，他们有另一个更高的信仰尺度。

因为这个更高的信仰尺度，现实的痛苦虽然仍在，但至少得以减轻。比如，一位父母为他早夭的儿子写下："致阿古蒂安鲁斯，享年十岁。在坟墓里安眠……他尽管年轻，可非常聪慧。就像一只被掠去天堂和献给基督的羔羊。"因为信仰，儿子的早夭不再是难以承受的偶在痛苦，而成了"被掠到天堂和献给基督的羔羊"，具有神圣牺牲的意味。

但悲伤，始终是悲伤，并不因为信仰的存在就荡然无存。"可爱的瓦伦蒂纳啊！我禁不住泪流满面，说不出半句话"，世间的不幸，仍然让满怀悲悯的基督徒流下眼泪。

C. 社会工作方面的铭文

早期的基督徒，无不生活在对复活和永生的盼望里。但是，这并不意味着他们放弃了自己的现世生活。相反，他们是教师、军人或者农夫，积极地参与各种社会活动，用自己的生命服务他人。这一点，我们从利比里亚的铭文里看得非常真切。

德特里奥斯是一名拉丁文和希腊文教师，他的铭文简洁而清晰："德特里奥斯，古诗翻译家，拉丁文和希腊文教师，在宁静的平安中安息。"

一名军人的铭文写道,"德奥杜鲁斯,勇敢的士兵和忠诚的长官:他的朋友常缅怀他。在士兵当中,他的忠诚卓尔不群。对待同胞和朋友,他也同样忠诚。他是上帝的仆人,而非金钱的仆人。他是正直的长官。如果我能,我愿永远歌颂他,愿他被赐予上帝许诺的光明之赐(天堂)。"基督徒的身份并没有削弱德奥杜鲁斯的社会作用,相反,他遵从基督教的教导,过着比常人更正直的生活。基督徒的个人身份,和他作为士兵与长官的社会身份相比,不仅不构成冲突,而且还互相促进、保持和谐。这一点,我们在理解早期基督教的时候需要特别注意。

二、早期基督徒的墓葬习俗

了解完圣卡里斯托墓窖的构造之后,我们现在进入第二部分:基督徒的墓葬习俗。在这一部分,我们将文献和田野调查结合起来,试图从总体上勾画早期基督徒的墓葬特征,让读者对圣卡里斯托墓窖以及更广泛的早期基督徒墓葬有更加立体的把握。

通常说来,早期基督徒的墓葬习俗和一般罗马人并无根本不同。他们一样重视卫生,习惯于用亚麻油清洁尸体;为了让尸体保持得更长久,也喜欢把灰浆抹到死者的身体上,如此等等[1]。

---

[1] 参见 Pasquale Testini,《罗马墓窖和基督徒的古代墓地》(*Le catacomb e gli antichi cimiteri cristiani in Roma*),Bologna,1966,p. 40。

不过，因为基督教信仰的存在，他们的墓葬习俗还是和异教徒的习俗有明显的差异。本书结合圣卡里斯托墓窖的具体情况，重点梳理基督徒墓葬的几个主要特征。

1. 强调土葬

前文讲到，3 世纪以前，罗马人多实行火葬。不过，这种习俗，无法为基督徒所接受。因为后者深信，墓地只是他们短暂的"安息之地"，等到末日审判之时，耶稣必前来拯救他们，让他们从死亡中复活。而复活，首先是身体意义上的复活；没有身体，灵魂和灵（Spirit）徒有外在形式，没有根本的生命力。在早期基督徒的眼里，一个人只有像耶稣那样，肉身从死里复活了，他才能真正重新成为那个死去的自己，和过去的亲人相认，在天堂一起过幸福的生活。

这种观念，表现在墓葬上，就是对土葬的强调。和异教徒或者火葬或者土葬的两可态度不同，早期基督徒完全排斥火葬。2 世纪时，非洲学者米努斯（Minucius）在他的护教大典《奥特威斯》（Octavius）中就曾明确地"诅咒火葬（Execrantur rogos）"，坚持土葬为基督徒永久的墓葬形式。不过，强调土葬也面临着一个问题：如果土葬的意义是为了让肉身复活，身体的保存就变得非常关键；如果死者没有了身体（遗失或者被毁），或者身体已经惨不忍睹，他又怎样复活呢？

为了解决这个问题，教会提出了很多设想。其中，奥利金

（Origen）的思路最有代表性。在《论首要原理》(*De principiis*)第二卷中，奥利金强调：首先，复活不仅是身体的复活，而且是同一个身体的复活。第二，复活时的身体，不再是我们看见的肉身，而是保罗所说的"灵性身体"（《哥林多前书》15:44)[1]。奥利金的这个思路，对于解决早期基督徒的复活问题意义重大。第一，他从《圣经》出发，明确反对诺斯替异端的说法，确立了身体复活的基本原则。这就从根本上解除了许多基督徒担心身体变化而成为另一个人的忧虑，坚定了他们复活的信心；第二，因为他强调复活的身体是"灵性的身体"，就让死者身体遭受的破坏显得不那么可怕。因为，无论肉身遭受什么的破坏，上帝总会用灵性重新修复你的身体，使你再次变成一个完满的人。

不过，即便如此，现实生活中的基督徒还是小心翼翼地维护着死者的身体，坚持用土葬而非火葬的形式来安顿死者。圣卡里斯托墓窖就是这种观念的集中体现。在近50万个大大小小的墓里，都曾埋着实实在在的身体。它们或是老人，或是小孩；或是官长，或者奴隶；年龄和社会身份的差距不曾影响他们对身体复活的信心，清一色地都是土葬。

由于历史的原因，如今我们很难再在墓窖中看到真实的尸骨。但是，徜徉在阴暗的墓穴中间，我们似乎仍能真实地感觉到他们的身体；那些逝去的生命，似乎仍在我们中间静静伫立。

---

[1] 参考奥利金：《论首要原理》2:10。

◊ 层层叠叠的墓穴

2. 祈祷、圣餐礼与裹尸布

严格来说，专属于基督徒的葬礼一开始并不存在。很长时间内，基督徒遵循的仍是异教徒的丧葬习俗，葬礼的基督教特征并不明显。不过，随着教会和基督徒的自觉意识越来越强，他们在葬礼问题上也逐渐形成了自己的习俗。

A.祈祷

在这些新的习俗当中，祈祷最为常见。基督徒去世后，他的亲人和教会里的兄弟姐妹陷入了沉重的悲痛；而祈祷，则是缓解这种悲伤的最好方式。他们或跪在一起，轻声诵读祷告词；或摊开双手，迎接圣灵的到来。一瞬间，虔诚的内心里涌入了无限的

祈祷者（一）

热忱和希望：希望死者能藉着圣灵复活，希望上帝能怜悯仍然活着的人。

历史上看，较早记述葬礼中祈祷问题的是北非教父德尔图良。在《论灵魂》（*De anima*）中，德尔图良曾经提到，有位神甫在葬礼上为人祈祷[1]。此后，德尔图良的弟子、拉丁教父西普里安（Cyprian）殉道时，游行的队伍用蜡烛和火把围住死者的遗体，也为他高贵的身体而祈祷。而最有名的，要数奥古斯丁。他的母亲莫妮卡去世以后，奥古斯丁遵照当地的风俗，为她

---

[1] 西普里安：《论灵魂》，第 51 节。

祈祷[1]。可见，随着时间的推移，祈祷逐渐为人所接受，成为早期基督徒葬礼的一项基本习俗。

B. 圣餐礼

如前所叙（第一章罗马人葬礼的部分），罗马人习惯用餐宴的方式纪念亲人，希望死者地下有知，能够和他们一起分享美味佳肴。这种习俗，很大程度上被基督徒保留了下来。他们和罗马人一样，也喜欢聚在死者的墓穴边，举行餐宴。所不同的是，因为信仰的缘故，他们的餐宴形式都有了根本的变化：餐宴上的面包和酒，不再是简单用来吃喝的食物，而成了"圣餐"，具有了神圣的象征意义。

相应地，基督徒的圣餐礼和罗马人的习俗相比，其目的也有根本的不同。如果说，罗马人在亲人的墓前举行飨宴，就是为了让亲人能够享受美味，重温现世的幸福；那么，基督徒的圣餐礼虽然没有否定这层因素，但其主要目的已不在此。对基督徒来说，举行圣餐礼本来就是为了遵从耶稣的教导，以现实的面包和酒象征耶稣的肉和血，以此时刻体会耶稣的苦难，与耶稣合为一体，获得最终的拯救。现在，基督徒在葬礼和祭祀的时候举行圣餐礼，是希望通过圣餐礼的方式，召唤死者一起进入耶稣的生命当中。在这个意义上，面包和酒，既是给死者享用，也是给生者享用的。给死者享用，是希望死者的灵魂能够感知圣餐，进而感

---

[1] 《忏悔录》9:12。

受到耶稣的存在；给生者享用，是让生者当着圣餐的应许，与耶稣合一。最后，生者和死者的灵魂都能藉着圣餐与耶稣同在，生者和死者就都能与耶稣合为一体。这样，圣餐礼虽然也是在纪念亲人，但最终的指向却是一个比现世更高的神圣维度；或者说，是一个将现世包含在内的神圣世界。

C. 裹尸布

相传，基督死后，曾被一块麻布包裹。麻布上清晰地印着耶稣受难时的形象，仿佛一幅模糊的水影画。

在早期基督徒的眼里，耶稣的裹尸布就是耶稣为了世人的罪而被钉十字架的最好明证，是极为神圣的。人们争相触摸、亲吻，渴望在耶稣的形象中得到永生。

因为对耶稣的这种崇拜，早期基督徒便竭力效法他，希望用同样的方式体会耶稣的受难，与他同在。在圣卡里斯托墓窖等早期基督徒墓窖中，死者的尸体都用布或巾包裹，不用棺材就放进墓穴之中。这种做法，与罗马人惯用石棺安葬尸体的习俗有很大的不同。

基督徒对裹尸布的偏爱，并不仅仅源自于他们的贫穷和卑微。而毋宁说，他们恰恰是因为信奉基督，所以愿意用卑微的方式安葬自己。卑微，既是耶稣在世时的教导，也是他死时的决心。基督徒选择使用裹尸布来埋葬自己，就是通过这种卑微的方式尽可能地贴近耶稣的生命，并进而期望像耶稣一样从死里复活。在这个意义上，基督徒的裹尸布就是耶稣的裹尸布，基督徒

都灵裹尸布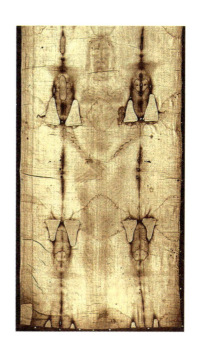

就是耶稣。

综上,早期基督徒的墓葬习俗,鲜明地体现了他们对身体、复活、受难等重大神学问题的理解。藉助这些习俗,早期基督徒找到了一种安顿自我的方式。有了土葬,基督徒就有了复活的盼望,有了自我统一性的基础;有了祈祷和圣餐,生者就能与死者同在,并最终与基督同在;有了裹尸布,基督徒则能让自己更加卑微,亲身体验耶稣的死亡,进而获取复活的信心。一言以蔽之:有了这些习俗,基督徒心里的死后世界不再是难以捉摸的虚无,而成了一种实实在在的生活。随之而来的,信仰也不再是一种说教,一种单纯的信念,而变成了一种行动,一种同时指向永恒和现世两端的活泼生命。

三、象征

如前所述,早期基督教一直不为罗马帝国所接受,长期遭受打压。在迫害期间,基督徒不能公开承认自己的信仰,否则就有可能面临灭顶之灾。为了躲避灾难,他们只有选择一种隐晦的方式曲折地表达信仰。

这种方式,就是象征。在圣卡里斯托墓窖里,基督徒象征的图案随处可见。它们或者画在墙上,或者刻在石碑上,好像一幅

善牧者像

基督花押字 ⟳

幅生动的肖像画,带领我们走进早期基督徒的内心。

常见的象征有如下几种:

善牧者。我们在圣卡里斯托墓窟的"构造"部分已经提到。图画上,一个牧人背着一个小羊羔,以此象征耶稣背负被拯救的灵魂。这个象征在早期基督徒墓窟中极为常用,不仅在圣卡里斯托墓窟中频繁出现,在其他基督徒墓窟中也经常可以看到。

基督花押字 ☧。由基督一词的希腊文"Χριστός"的头两个字母(X与P)重叠而成,表示死者是基督徒。

鱼。这个象征同样和希腊文相关,不过它的由来更为曲折:如果把希腊文"鱼"(ἰχθύς)的每五个字母垂直排开,可以组成一个新的离合词"耶稣基督是上帝之子(Ἰησοῦς Χριστὸς Θεοῦ Υἱὸς Σωτήρ)"。

◐ 象征耶稣的鱼

祈祷者。画面上，祈祷者伸开双手，仰望上天，象征灵魂居于神圣的安息中。

阿尔法和俄秘嘎。阿尔法和俄秘嘎是希腊文的第一个和最后一个字母，象征基督是万物的原始和终结。因为在《启示录》中，耶稣曾说："我是阿拉法，我是俄秘嘎；我是首先的，我是末后的；我是初，我是终"（《启示录》22:13）（可参考"基督花押字"的图案）。

锚。锚象征救恩，也象征灵魂已经平安地抵达永生的彼岸。保罗在《希伯来书》曾说，"我们有这指望，如同灵魂的锚，又

祈祷者（二）

坚固又牢靠，且通入幔内"（《希伯来书》6:19）。

鸽子。这个象征来自《创世记》第八章的记述，"遍地上都是水，鸽子找不着落脚之地，就回到方舟挪亚那里，挪亚伸手把鸽子接进方舟来"（《创世记》8:9）。在那里，鸽子是平安的信使。基督徒把这个意象拿过来，用以象征灵魂神圣的安宁。

凤凰。凤凰是阿拉伯的神秘之鸟，根据古代的信仰，它每千年从灰烬中重生，是肉身复活最典型的象征。

圣卡里斯托墓窖和其他基督徒墓窖里的象征还有一些，这里就不一一列出了。总体上，我们可以看到：早期基督徒在利用

◐　衔着橄榄枝的鸽子

象征来表达信仰的时候，不仅从《旧约》（如善牧者、鸽子）和《新约》（如锚、基督花押字）里获得了资源，而且也从希腊文化（鱼）以及神话传说（如凤凰）中汲取了营养。通过这些象征，基督徒既可以尽可能地避开危险，又能隐蔽地表达自己的信仰，获得身份上的自我认同。进一步，在这些具体可见的象征物上，基督徒找到了一种进入抽象教义和永恒世界的方式，把现实的世界和彼岸的世界紧紧联系了起来。因此，象征和习俗一样，都是早期基督徒在处理墓葬问题和生死问题时的关键步骤，值得我们认真对待。

第三章

墓窖与早期基督徒的生死观

我们已经看到,作为早期基督徒的官方墓地,圣卡里斯托墓窖具有极为重要的历史地位和考古价值。它不仅是我们了解西方墓葬问题的入口,更是我们理解早期教会和早期基督徒的一把钥匙。基于这个考虑,本章试图从前两个部分的研究出发,进一步关注早期基督徒的生活和思想观念,探讨他们对死亡、复活、受难等重大问题的理解。

一、死亡:从"记忆"到"睡眠"

前面讲过,2世纪以前,基督徒并没有单独的坟墓,经常和异教徒安葬在一起。就连鼎鼎大名的彼得,其墓地和异教徒的墓地也只有几尺之遥。可到了2世纪中后期,基督徒越来越喜欢单独安葬。是什么,让早期基督徒的观念发生了如此巨大的变化呢?

基督徒墓葬形式的这种变化,无疑和他们自身的身份意识相关。1世纪和2世纪初期,基督教刚从犹太教中萌芽,自身还不具备鲜明的自我意识。许多基督徒还在纠缠于犹太教和异教的观念和习俗，与它们难舍难分。不过，随着早期教会思想家的不断努力，基督教的教义日渐成熟，基督教的自身特征日渐明显；由之而来的，基督徒自身的群体意识也越来越鲜明。表现在墓葬上，就是基督徒开始有意识地和异教徒分开，寻求属于自身的身份团体。

不过，仅仅是因为身份意识的问题，还不足以解释早期基督徒为什么执意不和异教徒合葬。因为，如果仅仅是坚持自己的身份，基督徒大可在现实生活中保持和异教徒的距离（他们实际上也是这么做的）；可为什么，基督徒如此重视死后世界，坚持在墓葬问题上和异教徒划开界限呢？要想回答这个问题，我们还要深入分析他们的死亡观念。

前面说过，罗马人非常重视死亡和墓葬。他们真诚地相信，人的灵魂在死后并不会完全毁灭，而是以一种虚幻的方式在阴间继续持存。但是，这种灵魂究竟如何持存，持存多久，罗马人并没有把握。在很大程度上，罗马人对死后世界的态度与其说是一种理性认识，不如说成是一种期望，一种美好的愿望。

他们的这种期望，很大程度上要靠"记忆"来维系。可以说，在罗马人的心里，人死后与其在某个空间里继续存在，还不如在人们的记忆中存在来得更真实。为了实现这个目的，他们可谓殚精竭虑：首先，他们尤其喜欢把墓地建在路边，希望让更多的人看到并且记住。其次，他们还规定了祭祖的习俗，要求后代

◐　切奇里亚陵墓

必须纪念祖先。许多有钱的罗马人为了让这种"记忆"更可靠、更持久,甚至会在生前雇用很多自由人,让他们每年定期去祭拜他,给他的墓里点上油灯,为他献祭。

不过,在现实面前,"记忆"仍具有极大的脆弱性。一个人死了,他的儿子会记得他,为他献祭;儿子死了可能有孙子,孙子有曾孙……但是,谁也无法保证,他的血统可以永远延续下去;同样,拿钱雇人为自己献祭也有类似的风险。这就意味着:作为死后的最大期望,"记忆"总有终结的一天。到那时,豪华的坟墓成了荒凉的山塚,再也无人问津。"记忆"不在了,死去的那个人又怎么会在?

罗马人并非不知道"记忆"具有这样的脆弱性。但是，对他们来说，死后世界的不确定仍然是个最大的现实。不论他们如何讲死后世界，讲灵魂的存在，他们内心仍非常清楚，死后世界可能就是一片虚无。与其过多的渴求和编织死后的世界，不如在现实世界中建功立业，让声名代代流传。因此，罗马人所追求的死后世界，就是如何用现实的成功让更多的人更久地记住。荣耀，而非虚无，才是罗马人最根本的价值抉择。

但是，在基督徒眼里，罗马人对死亡的这种理解让人难以接受。一个活生生的人，变成"记忆"，并最终随着时间的推移成为虚无，这实在太过残忍。早期基督徒，十分唾弃罗马人对死亡的绝望态度。他们把死人埋到墓地里，称之为"κοιμητήριον（希腊文，'睡眠之地'）"，期待真正的永生。

早期基督徒的这种信念，根本上来自于基督教自身的革命性。根据圣经的记载，耶稣死后三日内复活，第一次宣告了人克服死亡、获得永生的希望。不仅如此，耶稣还将复活的希望给了一切信他的人。从此，对基督徒来说，现世的生命就成了通往永生之路的驿站；死亡也不再是生命的结束，而成了一种"睡眠"，一段漫长的沉默之旅。保罗下面的话代表了早期基督徒的共同心声，"我们若信耶稣死而复活了，那已经在耶稣里睡了的人，上帝也必将他与耶稣一同带来"（《帖撒罗尼迦前书》4:14）。

从"记忆"到"睡眠"，基督徒的死亡观念与罗马人相比有了根本性的变化。基督徒的"睡眠"，不是短暂的休息，而是通往永生的一个中间阶段。处在"睡眠"内的生命不再脆弱,也不再面临任何可能的破坏。"睡眠"过后的生命,是实实在在的、有灵魂有身体的极乐世界。这个世界不受时间的影响,永远存在。从"记忆"到"睡眠",基督徒最终的目的在于,要将一个变动的、破碎的世界变成一个永恒的幸福世界,要将人生命的有限性给克服掉,走向一种至高的无限性。

反过来,"记忆"和"睡眠"这两种观念的不同又会影响,甚至是决定他们对现世生活的态度。对罗马人来说,既然死后世界是不可捉摸的,有赖于脆弱的"记忆",那死就永远不可能比生好,死亡注定就是人要面临的最坏的事;而对基督徒来说,既然死不过是通往永生的"睡眠",那么死亡虽然不是好事,但也不是最坏的事——只有一个人犯罪了,得不到拯救,才是最坏的事。如此一来,罗马人会尽可能地回避死亡,坚持生命自身的最高价值;而基督徒,虽然仍然恐惧死亡,但是因为可以确定一个幸福的死后世界,生命的价值就不会抬得那么高。这种差异,也直接决定了基督徒对其他许多问题的理解。

不过,我们必须看到:尽管早期基督徒将死亡看作一场"睡眠",坚信死后的复活,但这一切仍然依赖于他们的信仰。换言之,基督徒只有从内心里真正认信基督,并坚信自己的拯救,死亡才会成为"睡眠"而非生命的终结。因此,归根结底,"睡眠"的死亡观仍然依赖于信仰,依赖于对未知世界的确信。这样说,罗马人对死后世界的想象难道不也是一种"确信"吗?罗马人在死后世界问题上的脆弱性,真的就不会降临到基督徒身上吗?这个问题,一直苦苦纠缠着基督徒的心。

二、死后的"合一"与"无形教会"

圣卡里斯托墓窖绵延数里,地下埋葬的基督徒有数十万之多。墓窖里,坟墓一个挨着一个,仿佛兄弟姐妹同在一个大屋里"睡眠"。这种景象,和罗马人的墓葬形式有很大的不同。后者虽然也经常将众人的墓地集在一处,但它的实质不过是一个用来节省土地的公众墓群;在这个墓群里,除非家族的血缘关系,单个的坟墓之间并没有本质的必然联系。那么,是什么原因让基督徒的观念发生了如此巨大的变化,死后也非要在一起呢?

基督徒的"合一",首先来自基督的教导。耶稣还在世时,就曾告诫他们:"无论在哪里,有两三个人奉我的名聚会,那里就有我在他们中间"(《马太福音》18:20)。这句话,被很多人理解为教会思想的起源。而所谓教会,就是奉着基督的名"聚会";信徒合于一处才是教会的原初本质。更为重要的是,基督徒的这种"聚会"从根本上与基督相连,二者构成了一个完整的肉身,基督是这个肉身的头,是"全体教会之首"(《歌罗西书》1:18)。在这个意义上,进入教会和众人"合一"就是与基督的合一,离开教会、和众人的分离就是抛弃基督,和基督分离。

基督徒的这种"合一",体现在日常生活中,是一种类似共

早期基督徒的施舍

产主义的大公无私。《使徒行传》第四章生动地记载了早期基督徒的生活，向我们揭示了早期教会的共产主义精神，"那许多信的人都是一心一意的，没有一人说他的东西有一样是自己的，都是大家公用。使徒大有能力，见证主耶稣复活；众人也都蒙大恩。内中也没有一个缺乏的，因为人人将田产房屋都卖了，把所卖的价银拿来，放在使徒脚前；照各人所需用的，分给各人"（《使徒行传》4:32-35）。

基督徒现实的"合一"不仅体现在物质的共享，还体现为精神上的相互搀扶和相互慰藉。兄弟姐妹中有残疾的、下监的，他们都会无微不至地关怀，尽可能地给予他们教会的温暖。在一个战乱频繁、社会动荡的年代，早期教会好像一个港湾，让基督徒安息，享受宝贵的温馨与宁静。

但是，基督徒和常人一样，也必须面对死亡。尽管在他们的眼里，死亡不过是一场"睡眠"；但是，"睡眠"毕竟也是睡眠，不是可见的、能够触摸的真实生活，仍然会给人带来相当的恐惧。面对这种恐惧，基督徒尤其需要同伴来坚定自己的信念。集体的"睡眠"，而不是一个人的"睡眠"，就是一个"无形教会"，是现世教会的一种延续。基督徒只要睡进墓窖当中，就相当于在一定程度加入了这个"无形教会"，和其他兄弟姐妹重新"合一"，获得了一种强大的组织保证和身份认同。在这个"无形教会"的"合一"当中，基督徒的信心和盼望越来越强，相应地，对死亡的恐惧便越来越弱。

在教难期间，基督徒对"无形教会"的渴望尤其迫切。面对统治者的凶残杀戮，早期基督徒纷纷以殉道为荣。这些人死后，很多被埋葬在圣卡里斯托墓窖里，被教会赐以极大的荣耀。许多人都争相效仿他们，希望像他们一样殉道；更多的平信徒，则期望死后能与他们一起合葬，分享他们的荣耀。他们真正渴求的，是死后仍能和殉道者保持"合一"，共处同一个"无形教会"，在基督的名中获得稳固的永生。可见，不管是"合一"，还是"无形教会"，最终指向的仍是信仰的确定性。正是因为基督徒渴望死后复活，而这一切归根结底又来自于对未知世界的信仰，基督徒便千方百计地寻求一种确定性。众人的"合一",驱散的是孤独和自我怀疑;和殉道者的"合一",是借助殉道者的荣耀保证自我的获救。一切的一切,最终都是希望通过一个无形的组织驱散内心的恐惧,通过集体的存在来证实个体自我的存在。这一点,是圣卡里斯托墓窖留给我们的深刻启示。

三、殉道的激情

圣卡利斯托墓窖中,至今仍存有一些殉道者的坟墓。它们数目不多,却在墓窖中占据最为中心的地位。不管是前面我们讲到的赫赫有名的教宗地窖,还是一些普通的殉道者墓穴,都极受教会和信徒的尊重。在2世纪至4世纪初的几百年间,这些殉道者的坟墓尤为重要。它们淌着烈士的鲜血,矗立在地窖里,就像一座座灯塔,召唤着四面八方的基督徒前来朝拜。越来越多的基督徒受到感动,信仰愈发坚固,最终也踏上了同样的殉道之旅。

今天,殉道者的尸骨多已化为尘埃,无处可循。但是,走在墓窖中,望着他们锈迹斑斑的坟墓,似乎耳边仍有一个声音在向我们呼喊:为什么?

1. 与基督同在

我们知道,在希腊文中,"殉道者"($\mu\acute{\alpha}\rho\tau\upsilon\varsigma$)的原意为"见证者",常指那些在法庭上作证的"证人"。耶稣被钉十字架之后,很快被他的门徒们称为"μάρτυς",因为他不畏死亡,在犹太人和罗马人面前敢于为自己的信仰做见证。从此以后,"μάρτυς"的意思就变成了"殉道者",尤指为了基督教的信仰而放弃生命的人。

可见,不管后世的基督徒多么敢于牺牲,耶稣才是整个基督教历史上的第一个殉道者。《新约》里,四大福音书都不约而同地记载了耶稣的殉道经历,详细描述了他死亡的悲惨景象。尽管它们对具体场景的描绘略有差异,但耶稣殉道的悲壮和伟大却是他们一致认可的事实。

根据《圣经》记载,耶稣死后三日便得复活。这一神迹使得基督徒普遍相信:耶稣就是先知口中的"弥赛亚",是拯救他们的"上帝之子"。据此,信仰首先就是信仰耶稣基督。人只有虚心遵从耶稣的教导,祛除自己的罪,才有可能获得最终的拯救。换言之,基督徒只有以耶稣为"原型",按照他的要求去生活,他才能像耶稣一样从死里复活。

耶稣的教导是如此深入人心,以至于当早期基督徒面对异教徒的迫害时,第一个念头就是遵循耶稣的教导,按照耶稣的方式面对灾难。尽管死亡的恐惧无时无刻占据着基督徒的内心,但是一想到耶稣的要求和永生的许诺,许多基督徒仍然会情不自禁地走上刑台。在这一瞬间,基督徒的内心翻滚着异样的激情:上帝为了拯救人类,道成肉身活在我们中间,为了我们的罪孽甘愿被钉上十字架。因为他的死,人解除了罪恶的魔咒,有了得救的希望。现在,"我"也面临着与耶稣一样的磨难,只要"我"能鼓起勇气,和耶稣一样为了上帝走上十字架,我便一定像他一样从死里复活;只要"我"凭借自己的死亡真真切切地走进耶稣的生命,与他融为一体,"我"就能和耶稣一样获得永生。一瞬间,死后的幸福变得如此的真实可触,宛在眼前。

2. 受难的激情

在《殉道者行传》(*Acta martyrum*)和优西比乌的《教会史》中,有一个现象始终让人颇为费解:罗马帝国对基督教的迫害越是残酷,基督徒的殉道激情就越发高涨。这股风暴甚至影响了17岁的奥利金,让他年纪轻轻就对殉道充满渴望,在自己无法殉道的情况下,写信劝他的父亲勇敢献身。

奥利金的经历让我们看到,屠刀、酷刑非但不能让基督徒恐惧,反倒让他们的信心更为坚定;罗马帝国的迫害非但不会让基督徒胆怯,反而催生了基督徒更为澎湃的激情(πάθος)。在灾难面前,本来软弱的基督徒好像被注入了一股热力,变得无比强大起来。

在希腊文化中,"πάθος"一词其实早就存在,不过意思和基督教的用法有很大的差别。一般认为,亚里士多德对这个"πάθος"的使用代表了早期希腊人对这个词的基本理解。《灵魂论》里,亚里士多德讲到,"πάθος"是人的心灵对外界刺激的一种反应,包含两个基本要素:一个是外界的刺激,一个是心灵对它的反应。离开了外界的刺激，"πάθος"当然无法存在；但心灵如果不对外物的刺激产生反应，"πάθος"也无法自行产生。在亚里士多德这里，"πάθος"是人的感情，属于灵魂的一种基本属性。从词义来说，是中性的。

斯多亚学派延续了亚里士多德的基本传统，一样认为"πάθος"是灵魂对外物刺激的反应。但是，由于斯多亚派推崇"不动心"，强调理性对"πάθος"（感情）的规制，"πάθος"势必就成了一个贬义词。在斯多亚学派看来，一个人只有"忍受"外界的刺激，用理性来控制内心的种种不当情感，他才能过上真正宁静、有德的生活。

斯多亚学派对"忍受"精神的强调，对基督教有深远的影响。《圣经》中，耶稣反复教导的就是，基督徒要懂得"忍受"，用温柔来化解暴力："有人打你的右脸，连左脸也转过来由他打"（《马太福音》5:38）。甚至，当耶稣知道自己被犹大背叛以后，他也不愿躲避自己的命运，而是默默地"忍受"，一心向往受难，并奉劝门徒也要这样做。

不过，我们也注意到，虽然基督教吸收了斯多亚学派的"忍受"精神，但是它对"激情"的具体理解已经有了很大的不同。因为，在基督教看来，人对苦难的"忍受"不是用理性规制"激情"的结果，而本身就是"激情"的一种表现。这种"激情"虽然不是斯多亚所推崇的"不动心"，但它也不是无理性的莽撞和骚乱。恰恰相反，基督教所强调的"激情"是基督徒遵从λόγος

（上帝）、愿意为它舍身的一种伟大举动。

理解了这一点，我们就能初步理解早期基督徒受难的"激情"。因为基督强调谦卑，强调"忍受"苦难，基督徒就渴望用同样的方式来模仿基督。面对罗马帝国的迫害，真正的"激情"并不是反抗，而恰恰就是"忍受"，用"忍受"的极致形式——"殉道"来证实基督的宽容和谦卑。

基督徒这种的"激情"，和我们通常说的激情大为不同。日常生活中，我们会说一个人由于怒火的缘故"激情杀人"，由于情欲的缘故"激情强奸"，讲的都是人受到外界的触动内心迸发出的一种攻击性力量。但基督徒的"激情"与之恰恰相反，它不是对外界力量的主动回击，而是用默默忍受的方式继续受难，用"受难""殉道"的方式实现内心的激情。与普通人的"激情"相比，基督徒的这种"激情"不是外向的，而是内向的；不是暴力的，而是温和的；不是扩张的，而是压抑的。一言以蔽之，是用"忍受"的方式来强化自我面对苦难的消极"激情"。

表面看来，基督徒的这种"激情"很不自然，甚至很不人性。但是，这种不自然的"激情"只是表现，他们最终的目的并不在此。基督徒愿意"忍受"，并不是发自内心地认为灾难是对的，也不是他们愿意忍受灾难，而从根本上来自于耶稣对他们的要求。因为耶稣强调谦卑，上帝喜欢谦卑的人，为谦卑的人而不是骄傲的人预备了永生，基督徒便不得不遵从诫命，用"忍受"

的方式期望永生。换句话说，不是基督徒，而是上帝的观念，才是他们这种"激情"的根源。

但是，如果我们进一步追问：为什么基督会颁布"忍受"的诫命？为什么受难反而像一种积极的应许，让基督和殉道者们的信念坚定不移？我们就会发现，在基督徒"激情"的表层悖谬下，还隐藏着一个更深的心理结构，"受难 = 正义 = 永生"。"受难 = 正义"说的是，基督和基督徒认为受难不仅不是一种羞辱，而恰恰是获得正义的一种方式；"正义 = 永生"则是说，基督徒因为获得了上帝眼中的正义而得到永生的应许。从"受难"到"正义"，再从"正义"到"永生"，早期基督徒殉道之路表明，第一，受难内化成道德，变相滋生了基督徒的内在肯定；第二，受难的激情最终依赖于永生的许诺，复活是一切殉道者"激情"的根本支撑。

3. 追求德性的激情

基督徒面对灾难甘于殉道的这种"激情"，除了谦卑的要求和"末世论"的背景以外，还有一个更为世俗的维度，这就是德性。

在希腊罗马社会，德性一直是人们普遍追求的精神品质。这一点，不管是在柏拉图、亚里士多德，还是在晚期的斯多亚学派中，都非常明显。基督教出现以后，许多罗马知识分子对之非常鄙夷，其中有一条重要的论据就是，基督教的"伦理教导无任何高明或新颖之处"[1]，基督徒在德性生活上非常糟糕。另外，在民间，关于基督教的谣言五花八门，有说基督徒乱伦的，有说基督徒吃自己孩子的，不一而足。但归结到一点，就是基督徒的德性低下。德性，成为早期异教徒攻击基督教的一个重要工具。

面对异教徒的这种举动，基督徒无疑非常恼火。在公开场合，他们不止一次地向罗马皇帝申诉，向元老院请愿，要求为基督徒的罪名平反。但最后往往无疾而终。这种局面让基督徒感到非常困窘，不得不重新思考出路，他们慢慢看到：面对异教徒的攻击，最好的方式不是去说服，而是要通过具体的行动证明自己。行动，而非言语，才是反击敌人的最好武器。

有了这样一个背景，我们就不难理解，为什么早期基督徒面对罗马帝国的疯狂迫害，越来越勇于殉道。在德性的意义上，殉道其实不仅是向上帝作证，也是对世人的宣告，或者说，是在上帝面前对世界宣告："我们"——基督徒，不仅没有做过任何坏事，反倒是你们——异教徒，用极为不义的方式在惩罚我们。面对你们的暴力，我们没有用罪恶的方式去还击你们，却宁愿用最和平最温顺的死亡结束一生。在这个意义上，我们恰恰遵从了你们所推崇的斯多亚哲学，遵从了你们所膜拜的柏拉图哲学，但你们，却用自己的鲜血侮辱了你们的祖先。

仿佛只有这样，基督徒才能向世人证明，他们是一群多么有

---

[1] 《驳凯尔苏斯》1:4。

德性的人，基督教是一种多么有德性的宗教。而罗马帝国的做法，恰恰满足了他们的这种要求：政府针对基督徒的迫害，往往从德性上是站不住脚的；暴力的迫害越剧烈，罗马帝国就越陷自己于不义，相应的，基督徒自身的正义感就越来越强，获救的自信越来越强（因为异教徒的做法像魔鬼），得到的支持也越来越多。最后，舆论的方向彻底倒向基督教，罗马的强势反而土崩瓦解。

四、信仰与世俗生活

早期基督徒可谓是一群信仰的斗士。面临罗马人的残酷屠杀，他们非但没有退却，反而在深邃的"激情"中勇敢地承担悲剧的命运。在他们眼里，死亡不过是一段沉默的"睡眠"；"睡眠"之后，迎接他们的就将是永生的彼岸世界——为了它，早期基督徒甘愿承受痛苦，甚至甘愿放弃世俗生活。

基督徒愿意放弃世俗生活，愿意为了信仰而死，这从根本上是因为：和永生的彼岸世界相比，现实世界不过是短暂的存在。对基督徒来说，现实世界好比一个流浪者归家的驿站。这个驿站不能不在，因为在通往永生的途中，人总会疲惫，需要休息；但是，驿站始终只是驿站，不是真正让人长久安息的家园。人只有经过这个驿站，继续向前跋涉，才能通往最终的幸福世界。

但是，这一切绝不意味着，基督徒认为世俗生活是一个坏东西。恰恰相反，即便那些最极端的殉道者也从未否认过世俗生活。和世间的绝大多数人一样，他们对父母兄弟充满眷恋，为妻儿担忧。朝向死亡的路上，世间的一切仍是他们最深的牵挂（这一点，我们在"利比里亚区"里的铭文部分已经看得很清楚）。

更进一步，基督徒的信仰非但没有否定世俗生活，反而是世俗生活的保障和延伸。因为，对早期基督徒来说，彼岸的永生世界并非一个抽象的存在，而是一个有血有肉、有灵魂有躯体的丰满存在。在这个永生世界中，现实的一切还能继续保留，而且更完美，世俗生活中的亲情和爱情，都能在这个幸福的世界里永远持存。从这个意义上说，早期基督徒为了追求而放弃世俗生活，并不是因为世俗生活不好、不可爱，而恰恰是因为它太美好，但又不稳定，人们才会渴望一个永生的世界，将这种美好永远保存下去。

从这个角度回过头来再看早期基督徒的信仰，我们的理解或许有所不同。一方面，基督教信仰的诞生：通常的理解是，它来自犹太教的自身革命。但是，如果我们注意到早期基督徒在信仰和世俗生活方面的张力，我们就会看到，基督教的萌芽和早期基督徒自身的生活有很大关系。正是因为罗马帝国的剧烈动荡，人的命运反复无常，才会有一批人特别渴望用一种永恒的方式来保障不安的世俗生活。在这个意义上，信仰是世俗生活的内在要求；另一方面，基督徒对信仰的坚持，并非仅仅像我们通常想的，是出于对一个彼岸世界的向往。因为，无论如何，彼岸世界的根子还在世俗生活。或者更准确地说，基督徒的信仰是一种对永恒世俗生活的向往。面对罗马人的压迫，他们之所以毫不畏惧，甚至以死殉道，根本上并非是出于维护一个虚幻的永恒世界，而是要维护他们的世俗生活和现实幸福。现实的世俗生活，才是早期基督徒甘于殉道的最原初的力量。某种程度上，也是最根本的力量。

结　语

　　本部分以田野研究为基础，集中考察了圣卡里斯托墓窖的历史、构造和相关习俗。作为一项墓葬研究，本文首先关注的是早期基督徒的墓葬习俗，特别是它区别于罗马人墓葬的思想特征。为此，笔者将圣卡里斯托墓窖放在整个罗马史的视域中进行考察，一方面关注罗马律法与罗马文化对基督教墓葬的影响（第一章），另一方面侧重分析基督教教义在墓葬习俗上的体现（第二章）。通过这两部分的分析，笔者意识到：基督徒墓窖是基督教精神的根本体现，凝聚了早期基督徒对复活、殉道等重大问题的理解。因此，笔者从墓葬研究出发，进一步探讨了早期基督徒的生死观（第三章），试图从墓葬的视角走进早期基督徒的精神生活。

　　通过研究，我们看到，地下墓窖是早期基督徒的生活处境和思想观念的集中反映。因为贫穷，也因为追求安全，早期基督徒选择用地下墓窖的方式来安葬死者。墓窖建成以后，他们又会围着它祭祀、洗礼、朝拜。很长时间内，地下墓窖的角色好像一个隐形教堂，既给了基督徒平安，又让他们找到了一个表达自我、安顿自我的广阔空间（通过各种习俗和象征）。藉助这个空间，早期基督徒获得了一种神圣的自我肯定，通过与众人尤其是殉道者的"合一"得到至深的信心。在这个意义上，地下墓窖又像是个"无形教会"，将基督徒死后的灵性生命连结起来，给予每个个体以组织的保证。"集体性"，是早期基督徒面对灾难时的内在期望和内在保障。

为此，墓窖不仅是"睡眠"，而且是与众人"合一"的睡眠，是集体等待永生的精神家园。和罗马人依靠亲人的"记忆"来维持死后生命的观念不同，基督徒的墓地完全克服了"记忆"的脆弱性，从根本上指向了一个永恒的、没有变动的彼岸世界。但是，这个彼岸世界并非一个虚无的观念，或者一个简单的设想，而从根本上来自于世俗生活的内在构造。只是因为基督徒从根子上热爱世俗生活，而世俗生活又陷入了剧烈的动荡，基督徒才特别渴望一种永恒的幸福状态。这个幸福状态，非但不是对世俗生活的否定，反而是对世俗生活的最大肯定。为此，基督徒的信仰也不再是一个抽象的信念，而成了奠基于世俗生活并指向世俗生活的精神努力，拥有极为生动而具体的力量。

因为这种力量，基督徒在面对罗马人的迫害时，展现出了伟大的激情。基督徒的这种"激情"，不是扩张和外向的，而是收缩和内向的，是自我压抑自我证实的"忍受"精神。因为"忍受"和"受难"，基督徒自身滋生出道德化的心理暗示，进而演变出自我神圣化的宗教精神。这种精神，既是基督教最晦涩的秘密本质，也是早期基督徒殉道激情之根本。但颇为遗憾的是，在整个罗马帝国时期，几乎没有哪个知识分子看清了这种本质。结果，罗马人要么对之不管不问，要么对之大加杀害，非但没有从根本上解决问题，反而陷入到了基督教自身的逻辑当中，为基督教的胜利添砖加瓦。最后，双方的胜负也就不言自明。

今天，如果你走进圣卡里斯托墓窖，你几乎看不到一片尸骨。仿佛这里不是墓窖，仿佛无人来过。门外的游客仍熙熙攘攘，阳光下，世界一如往昔。

（文/吴功青）

第二部分

圣司提反堂的圣徒墓

第一章
走出教难的基督教

一、"天上地下所有的权柄都赐给我了"

公元303年开始的戴克里先迫害是罗马帝国最后一次对基督徒进行的迫害。但8年之后,这场迫害的主使者之一、罗马皇帝伽莱里乌斯就颁布了一部敕令,承认此前彻底根除基督教的政策失败,并对基督教徒施以宽容:

> 出于温和至极的宽大之心,循着我们一向对所有人施以豁免的惯例,我们认为应当即时将豁免同样地施于这群人[基督教徒],他们便可在不扰乱良好秩序的前提下,重为基督徒,并进行聚会。
> 为我们的包容之故,他们当为我们的安全、为共和国的安全、为他们自己的安全,向他们的神祷告,祈求共和国在各方都不受危害,他们可安然居住在自己的家里。

这个敕令正式结束了戴克里先迫害，被称为《伽莱里乌斯宽容敕令》（*Edictum tolerationis Galerii*）。在意大利半岛，被囚禁和被赶到矿山去做苦工的基督徒们陆续释放出来。两年之后，基督教就在罗马帝国取得了正式合法化的地位。313年，当时分治罗马帝国西部和东部的君士坦丁李锡尼两位皇帝在米兰会谈，随即向帝国各地发出了信件，就帝国宗教事务做出了明确指示：实行宗教自由。这则指令虽然不是正式的皇帝敕令，但在后世仍以《米兰敕令》（*Edictum Mediolanense*）之名著称。字面上它是将自由赋予了所有的宗教，但事实上，帝国两百多年来压制最重的恰是基督教，这则"敕令"其实很大程度上就是面向基督教而发出的：

> 对于奉出心灵、保守基督宗教，保守他认为对自己最好的宗教的权利，无论何人都不可否定；如此，那至高的神灵，我们自由地将心灵奉上崇拜的神灵，就在一切事物中显现其喜好和慈悲。
>
> 为当今时代的和平之故，我们对其他宗教一并给予公开、自由地保守各自崇拜的权利，每个人都拥有按各自所喜好的进行崇拜的权利。

《米兰敕令》又针对基督教进一步指示，从前没收的基督徒财产，包括聚会场所和其他地产，都应当"无偿、无诈地"发还，即刻实施，不得有误。

古罗马金币上的提奥多
西一世像

　　从前在密室和地下秘密聚会的基督徒，从此可以放心地揭开蒙面的斗篷，走上地面了。他们可以取回一度失去的财产和地产，还可以建造属于自己的宗教场所，与罗马、埃及、巴比伦诸神一起，在罗马帝国的疆域内接受各自信徒的崇拜。不仅于此。《米兰敕令》流露出的偏袒，成为基督教进一步传播的强大助力。关于君士坦丁大帝本人是否正式皈依了基督教，一直争议不休。但他积极介入教派争端，召开大公会议以确立正统教义，还在耶稣的坟墓上主持修建了圣墓大教堂。凭这些功绩，他被称为第一个基督教皇帝，也当之无愧。凡此种种，似乎预示着上帝在地上彰显荣光的日子，果然要到来了。

　　公元380年，提奥多西一世颁布《帖撒罗尼加敕令》(*Cunctos Populos*)，将君士坦丁一世确立的基督教正统教义定为罗马帝国的国家宗教。

> 万民皆归顺于朕之宽和有道，朕希望他们继续宣扬那由圣使徒彼得带给罗马人的宗教。……朕因循使徒之教训和福音书教义，信从同等尊荣、同在圣三一中的圣父、圣子和圣灵的同一神性。遵从本敕令者，朕颁以大公教徒的名号；其余人则被判为愚人疯汉，冠名"异端"，其聚会亦不可称为教会。首先，他们会遭到神圣永罚；其次，朕决意遵从天上的意志，以朕之权威对他们施以惩罚。

福音书里记载的话，似乎实现了："天上地下所有的权柄都赐给我了。"万民都会成为耶稣的门徒。[1]

二、"被死亡触摸到的日子"

此后基督教在罗马帝国境内的各个城镇里的迅速发展，在今日仍可略窥一二：从中心大城市罗马、米兰，到许多古老的小镇，乃至意大利半岛之外的广袤国土，都有始建于4—5世纪的教堂。这些宗教建筑见证着当时教会在经济和政治上的影响力。

基督教徒们不再面临刀剑和鲜血的危险。他们摆脱了困窘的

---

[1] 《马太福音》28:18-19。

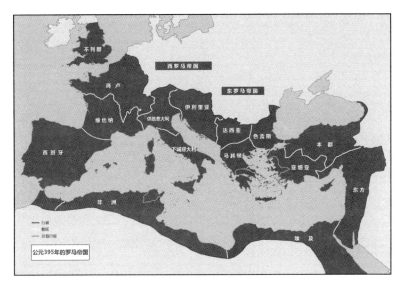

◎ 公元395年的罗马帝国教区分布图

境况，走向帝国扶持的位置。教会开始清算过去的历史。此前多次迫害中，有大批信徒不愿变更对上帝的信仰，呼着基督之名赴死，如今应当纪念并宣扬他们金石般坚定的信仰，将他们封为圣人，让信徒们赞颂他们的名字，效仿他们的美德。三百年来在迫害中被压制的激情，一下子转化成对受迫害者的狂热赞美。主教们热衷于到处寻找殉道者的尸骨，他们搜集一切有关殉道者的蛛丝马迹，进入郊外的地下墓窖，开启密封的墓室，掘出殉道者的尸骨，就地建起教堂，又分出一些尸骨带到别处，让更多的信徒们瞻仰和崇拜。

由此，西方墓葬习俗开始发生一个重要转变：墓地逐渐从城墙之外转移到了城里。这不仅仅是对罗马传统律法的悖反。[1]一个传统的罗马人会认为,将尸体放置在城墙内就是不可接受的了,掘开坟墓,打搅死者的安宁,还对尸体进行崇拜,简直是既恶心又邪恶。但新兴的基督教圣徒崇拜却充斥着这些反传统的行为:掘墓、移尸、拆分遗骨,甚至在激情的驱动下,接触乃至亲吻死者的骨头,将它们放置在神圣的地方。[2]生者和死者之间的绝对间隔,一开始就是这样被圣徒尸骨打破的。君士坦丁一世的母亲和女儿都将自己的坟墓定在罗马郊外自家在圣徒墓地上修建的教堂里,这种做法很快被各个贵族家族效仿,后来蔓延成为整个教会的风气。人们相信将家人和自己的墓安置在圣徒的尸骨周围,可得到圣徒的庇护。于是教堂变成了墓地的群落。随着人口增长,城墙外拓,教堂被纳入城市。这时生者死者之间的根本忌讳早已被打破,葬在城里是无可厚非。

这种习俗变迁的背后,更有观念的转移。朱利安(Julianus,331—363)是最后一个非基督教徒的罗马皇帝。虽然有君士坦丁倾向基督教在先,朱利安却致力于追溯罗马的古老传统,复兴传统宗教,于是被后世教会称为"背教者朱利安"。他的看法,大致可以代表传统罗马人:

---

[1] 关于罗马律法对墓葬的规定,见第一部分相关章节。

[2] 参见 Peter Brown,《圣徒崇拜仪式:在拉丁化基督教时期的兴起及其作用》(*The Cult of the Saints: Its Rise and Function in Latin Christianity*, Chicago, 1981),第 4 页。

搬着死人的尸体穿过大片人群,就在挤挤挨挨的人群里,叫所有人的眼睛都因为看见死人而遭到玷污。这样子被死亡触摸到的日子,有何好运可言?在参加过这样的仪式以后,还有谁能接近神祇和神庙呢?[1]

在罗马人看来,不洁的死亡与神是根本对立的,应当远远避开。早期基督教也顺应罗马帝国的习俗,将墓地安置在城郊。但是自从基督教确立合法地位,圣洁的价值就一举扭转了。死者成为圣徒,受到活人的追捧和顶礼,坟墓在宗教上的重要性大大超出了日常生活区域。从前,看到死人的人因为身上不洁,不能接近神庙;如今,人们蜂拥到教堂里去触摸死人,便感到自己得到了净化。

人们不仅让坟墓堂而皇之地进入了城市,进入了信仰生活中的神圣场所(虽然这信仰对象已从罗马神祇变成了基督教上帝),还极尽巧思和能力,将圣徒的坟墓建得壮丽华美。最为典型的一例,是在意大利南部小镇齐米提勒(Cimitile)。

有趣的是,这个镇名正是从"墓地(cimitero)"一词衍生而出:此地还未建城时,只是附属于诺拉城(Nola)的一块荒郊野地,从公元2世纪起,这里就是基督徒的墓地,叫它"齐米提勒"真是恰如其分。后来此地扬名,主要是因为一位圣徒:圣腓力切(San Felice da Nola)。传说,这位生于3世纪的圣徒曾经遭

---

[1] 朱利安:《书信与法律》(*Epistulae et leges*, Paris, 1922),第 194—195 页。

◌ 齐米提勒的圣腓力切之墓

受迫害,受天使解救摆脱了囚禁,极受人们景仰。他拒绝主教职位,在贫穷中度过余生,随后和其他基督徒一样,被埋葬在齐米提勒——"墓地"里。下葬的人按照惯例,给他的墓作上了标记。5世纪初正是圣徒崇拜大行其道的时候,诺拉主教保利诺(Paolinus Nolanensis,354—431)记述了圣腓力切的事迹,并开始为这位本地圣徒鼓吹。他主持扩建了原本简陋的圣徒墓地,在墓地之上建起了巴西利卡[1],让高大的柱子在坟墓周围林立,又

---

[1] basilica 原是希腊词,意为"国王的"。在罗马时期用于称呼每个城市中必有的公共议事/集会场所,基本形式为长方形建筑末端接一个半圆形龛,内部由(转下页)

在墙壁上镶嵌了闪着金光的马赛克。然后又在这座主要纪念建筑周围，建起了三座较小的巴西利卡。保利诺主教满意地称赞这个工程说，从远处看去，这座墓地就像一座大城市。虔诚的信徒们络绎而来，拜谒这位圣洁的榜样。为了满足朝圣者的需求，保利诺主教又下令拓宽从诺拉到齐米提勒的道路，在墓地周围修建客栈。各种生意也随之做起来了。于是，因为一座如城市般华美的坟墓，这个小地方从一块墓地发展成了一个真正的城市。

其他的地方，虽然不像齐米提勒这样把圣徒墓推到极致，却也竭力供奉圣徒的遗骨。为遗骨建教堂，是最常见的办法。教堂与坟墓从这个时期开始就紧密结合在一起。起先是圣徒们的遗骨被各个教堂珍藏，热诚的信徒把自家的墓地安置在周围，以求死后也和圣徒在一起，得到庇佑。约从8世纪开始，主教、本地区的贵族和重要人物葬在教堂内成为了惯例。此后一千年间，所有人的墓地都位于教堂内部或教堂周边的墓园里。而当今常见的公共墓园，要迟至18世纪才出现。

因此，西欧基督教世界的墓葬在很长的一个时期里在地理上都围绕着教堂建造。教堂及由神职人员划出的专用墓园，是庇护

（接上页）立柱分隔空间。从君士坦丁一世开始，基督教才将 basilica 的建筑形式用于宗教建筑。不过事实上，在君士坦丁一世之前，基督教也未曾建过任何大型宗教建筑。参见 Colin Morris，《基督之墓与中世纪西方：从初始到 1600 年》（*The Sepulchre of Christ and the Medieval West: from the Beginning to 1600*, Oxford, 2005），第 38 页。后来，basilica 一词用于称呼由教宗授予特殊地位的教堂。

佛罗伦萨圣十架教堂布满墓碑的地面

普通死者的神圣区域。当地出色人物的墓地,则会为教堂和教区增添光彩。其中最为著名的例子,就是埋葬了伽利略、米开朗琪罗、马基雅维利、罗西尼等政治、文化、艺术人物的佛罗伦萨圣十架教堂(Basilica della Santa Croce),群星熠熠,实可称为意大利的先贤祠。

不过,圣十架教堂已经是文艺复兴时期的作品了。在刚刚开始把死人埋在教堂的年代,建筑不如后世宏大,雕塑不曾如此华美,但信徒们使用和发展出许多技术来表达和丰富对圣徒的热情。在凡此种种努力中,基督教文明在逐渐展开,已可初窥日后的恢宏规模。

第二章

由死而生的圣徒与教会

意大利古城博洛尼亚（Bologna）以保留了中世纪城市中心原貌著称，但城市历史实可上溯至罗马时期。圣司提反教堂（Basilica di Santo Stefano）就是有史料可循的最古老建筑之一。

在4世纪末时已可见到这个地点最早的圣所建筑记录。这座教堂很早就用于纪念两位本地殉道圣徒，至今仍保存有圣徒的石棺和遗骨，供信徒瞻仰。此外，从11世纪起，本城保护圣徒彼得罗尼乌的纪念仪式就每年在此举行，城里居民和各个修会的修士都要聚集在这里。此地还驻有一群本笃会士，在宗教事务之外还保管文献和文物，至今已逾千年。

具有多重功能的圣司提反堂是一座建筑群，博洛尼亚人常用流传已久的名字称之为"七教堂"，一般以为这个名字指的是这组教堂之多。实则整个建筑群里一共五间教堂。[1] 这组建筑历经悠悠十五个世纪，在如今回溯其规模变迁，其历史尤显鲜活。

---

[1] "七教堂"之名何解，请见第三章第二节。

◇ 博洛尼亚圣司提反堂,从广场上可见最古老的三间教堂一字排开

现代视古老建筑为文明和历史承载者,提倡原样原址保护,近现代以前的建筑师及其雇主却无此等顾忌,只按照各自的需求和喜好,进行加建、改建乃至原址重建。基督教成为罗马帝国国教后,就曾经大肆推倒异教神庙,或者将神庙改建成教堂,被称为古代建筑奇迹的罗马万神庙便是其中最著名一例。这其中有多少是宗教的更替,多少是为了便宜获取石材、柱头、青铜等建筑材料,却不太好分辨。在博洛尼亚,圣司提反堂也是如此:那间被簇拥在中间的圆形建筑,原为一座奉献给埃及伊西斯女神[1]的神庙,是罗马人不设门槛迎入各方诸神的产物。5世纪时,博洛尼亚

---

[1] 在古代埃及的神话系统里,伊西斯守护死者、掌管生命和健康,是最重要的女神之一。

人也顺应潮流，在这座圆形的神庙周围砌起墙壁，覆以穹顶，又对其中的祭坛和装饰进行了完全重建，摆上十字架。这座神庙就此成为了一座基督教堂。人们以其仿造耶稣墓的用意命名，称之为圣墓教堂（Basilica del Sepolcro）。

在圣墓教堂建成之前的4世纪末，旁边就已经有一间长方形的巴西利卡，供奉了两位圣徒的遗骨，并以二圣徒之名命名（Basilica dei SS. Vitale e Agricola）。实为这组建筑中最古老的一间。8世纪的人们又在圣墓教堂的另一侧加建了施洗约翰教堂（Chiesa del San Giovanni Battista），与早年的两间并呈一字排开之势。10世纪初，教堂在匈牙利人入侵期间遭到破坏。后来，本笃会修士重新将它修好，又干脆在12世纪的改建中，将教堂规模扩大了许多：加建了一间圣十字教堂（Chiesa della Santa Croce），一间本达教堂（Chiesa della Benda），并供修道院使用的一圈两层小楼、一个庭院和一座钟塔。

直至20世纪之前，博洛尼亚人都热衷于在这组古老建筑上添砖加瓦。19世纪圣司提反堂的规模达到了顶峰，钟塔被加高，新建的门廊和其他附属建筑甚至完全遮盖了两间老教堂的面貌。此外，13世纪的壁画被移到博物馆里，换上了华丽的巴洛克风格。但几十年后，斑斓辉煌的巴洛克壁画也被抹去了，古老的红砖面完全裸露出来。

20世纪初，现代的"文物"和"文物保护"观念已经发展成熟，因此在这个时期的修葺中，各种冗余的附属建筑被拆除，露

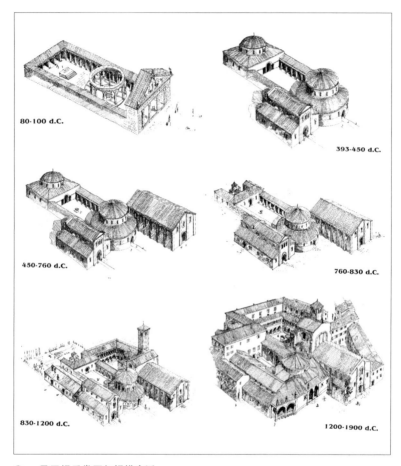

◐ 圣司提反堂历年规模变迁

出了最早的四座教堂和修道院主体。圣司提反堂被恢复到12世纪的面貌。事实上，如今无任何内部装饰的教堂恐怕比12世纪时还要简朴得多。

一家四口圣徒像,现代作品,意大利拉帕罗圣杰瓦西奥教堂

一、"背起十字架来跟从我"

无论规模如何变化,圣司提反堂的主题在千余年间始终如一。此处年代最为古老的圣徒纪念教堂,如今仍然在向人讲述着

圣徒的故事。

一间教堂，纪念两个圣徒：圣维塔列和圣阿格里科拉（Santi Vitale e Agricola）。在天主教星空一般繁密的圣徒谱系中，这两个名字几乎不引人注目：以圣保罗、圣方济各、圣乔万尼、圣安东尼冠名的教堂遍布意大利半岛，圣露琪亚教堂、圣西西莉亚教堂、圣塞巴斯蒂安教堂也十分常见。但这两位焦不离孟的圣徒名字，在博洛尼亚以外便难见踪迹。

不仅如此。他们的事迹还相当地模糊不清，我们只知这两个名字之所以并提，是因为两人是一对主仆，维塔列是阿格里科拉的奴隶（又有说是已被去了奴籍的）。而离博洛尼亚不远，意大利东海岸上的拉文纳小城，又有一座高大的圣维塔列教堂，以辉煌的拜占庭式马赛克著称。其中纪念的那位圣维塔列，有一妻名瓦莱丽娅（Valeria），有一双孪生子名杰瓦西奥和普罗塔西奥（Gervasius et Protasius），都忠于信仰，殉道而死，后来一家四口均荣登圣品。这个维塔列是不是那个仆人呢？此事为年代久远的公案一桩。有认为这两个维塔列确为一人，只是后来阴差阳错，在拉文纳被附会出妻子故事的；有认为拉文纳的维塔列与博洛尼亚那位实不相干，只是恰巧冠了同名，都光荣殉道，又同时现身于世人前，才被后人混淆的。无论此案真相如何，早期圣徒的事迹在口耳相传中发生了多少推衍错乱，却由此可见一斑。

有这桩公案，大抵和四大拉丁教父之一、米兰主教安布罗斯（Aurelius Ambrosius，337/340—397）脱不了干系。2世纪的孪

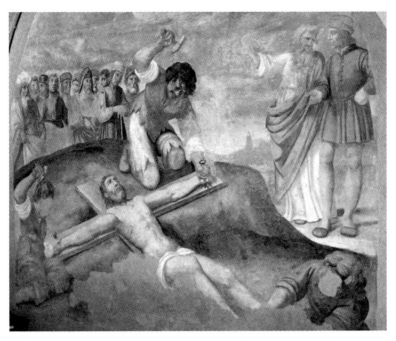

◯　阿格里科拉上十字架，15世纪壁画，意大利博洛尼亚圣司提反堂

孪生子圣徒杰瓦西奥和普罗塔西奥的尸骨是386年在米兰被安布罗斯起出来的。5世纪就有人假托安布罗斯之名，写作了一篇殉难记，称孪生子有父母名维塔列和瓦莱丽娅，这维塔列违反罗马法律，将一位殉道者葬在拉文纳城墙内，获罪而死。6世纪便在拉文纳有了圣维塔列教堂。在另一头，安布罗斯又于4世纪末在博洛尼亚见证过维塔列的尸骨出土，还将一部分尸骨带到了米兰。恰好拉文纳供奉的维塔列尸骨，就是被5世纪的拜占庭帝国公主从米兰带下来的。此尸骨是不是彼尸骨，父亲维塔列是不是那个

仆人维塔列，真是不容易说清楚。

事实上，有关博洛尼亚的圣维塔列的唯一资料来源，就是安布罗斯。几乎所有现代的圣徒传记集都认为，圣维塔列和圣阿格里科拉很可能是死于4世纪初期的戴克里先教难。然而，这二人生前有何作为，死时有何壮举，我们几乎完全无法了解，因为并没有任何同代人写下关于这两位殉道者的记载，也没有在一代之内写成的传记。只有安布罗斯在近一个世纪后写成的劝诫辞可作为依据。但安布罗斯又是从哪里听闻或读到二人的故事，就难以查考了。

公元392年，米兰大主教安布罗斯访问博洛尼亚。此前，当时的博洛尼亚主教尤西比乌（Eusebius, ?—400；[1] 又一说是尤西比乌的继任，尤斯塔奇乌，即Eustaxius）刚好在一个犹太墓地里发现了两位本地殉道者的遗骨。恰逢安布罗斯要访问博洛尼亚，本地主教便邀请他的这位上级一同进行遗骨的发掘。随后，遗骨就被保存了起来。[2]

393年，安布罗斯在佛罗伦萨发表一篇劝诫辞，其中赞颂了两位圣徒的事迹。他写到，阿格里科拉是罗马公民，而维塔列是他的仆人，两人一同奉身于基督信仰，在教难时期遭受逼迫。在这场迫害中，维塔列先于其主人以身赴难：

---

[1] 生于4世纪，与《教会史》作者尤西比乌并非一人。

[2] Francesco Lanzoni,《意大利各教区纪事：从源起到7世纪初（604年）》(*Le diocesi d' Italia: dalle origini al principio del secolo VII [an. 604]*, Faenza, 1927)，第780页。

> 他们（迫害者）在他身上试验了各种折磨人的手段，到最后，在他的身体上没有一处是不带伤的。[1]

这是为了恐吓他的主人。据说阿格里科拉品德高尚，广受尊敬。他并没有因目睹仆人受到酷刑而消退了信仰和勇气，仍然不愿放弃信仰，甘愿为神牺牲。于是他被钉上了十字架：这似乎说明他的态度激怒了当权的罗马人，因为通常对罗马公民执行的死刑是斩首；钉十字架是低贱的死法。

不过，后来也有人提出，从上十字架这种死刑来看，阿格里科拉可能是改宗的犹太人，这也可以解释为什么他们主仆二人的尸骨是在犹太墓地里被发现的。[2] 不过，这很可能是因为当时的基督徒社群规模仍然不大，尚未能拥有自己专有的墓地；或者，早期基督徒的墓葬制度并未确定，与犹太人甚至异教徒混葬的现象也是有的。

除此我们就没有更多的信息了。对这两位殉道者的另一份早期记载来自那位建了华美的齐米提勒的诺拉主教保利诺，但其内容并没有什么不同：他是在写作安布罗斯的传记时提到了两人的故事，信息来源仍是安布罗斯。

关于早期殉道者的可靠史料阙缺是一个普遍问题，当今的学

---

[1] 安布罗斯：《坚贞劝辞》（Exhortatio Virginitatis, *Ambrosius Mediolanensis*, Vol. I），1.4。

[2] G.D. Gordini，《维塔列和阿格里科拉，博洛尼亚的圣徒和殉道士》（"Vitale e Agricola, santi, martiri di Bologna", in *Bibliotheca Sanctorum*, XII, Roma 1969, col. 1225）。

者因此难以辨别现有信息的真实性。但是，即便对于早期的基督教徒来说，资料来源也是一个棘手的问题，遑论其真实与否。安布罗斯在自己的教区米兰发现那对孪生子圣徒遗骨时，欣喜若狂，打算大力传扬他们的事迹。但寻访一圈后也只能写"一些老人说，他们曾经听说过这两位殉道者的名字，读到过关于他们的铭文……"[1] 铭文是怎么写的呢？也泯灭于老人的记忆里了。除此之外，再没有可靠的文献提供更多的信息。尽管如此，对这两位米兰圣徒的崇拜仪式仍然很快就流行起来。

并不是所有早期圣徒的行止都湮没无闻。有些传记详实生动、细节丰富。在迦太基，罗马士兵鞭打22岁的基督徒珀佩图娅（Perpetua），她却"相当高兴可以受到上主遭受过的折难之一"[2]。迦太基主教塞浦里安（Cyprianus）在受难时，出的是血汗，正如《路加福音》中的基督一样。[3] 现存最早的殉道者传记《波力加伯行传》记述说，波力加伯（Polycarpoy）被同伴出卖，"他遭遇了这样的命运，就和基督相连了，而出卖他的人也遭受了和犹大一样的惩罚"；他骑在驴背上进城，兵士连夜逮捕他如同逮捕强盗[4]，这些情节几乎是在重复耶稣落入罗马士兵之手的

---

[1] 安布罗斯，书信第 77，11—12。
[2] 《珀佩图娅和斐丽奇塔的受难》（*Passio Perpetuae et Felicitatis*）18,9。见《殉道者的生平和受难》（*Atti e passioni dei martiri*, Milano, 1987）。
[3] 《塞浦利安行传》（*Acta Cypriani*）3.5 以下。出处同上。
[4] 《波利加伯殉难记》（*Martyrium Polycarpi*）6-8。出处同上。

过程，行文则唯恐读者看不出传主与基督的关联。

很难断定这些圣徒传记中包含了多少真实的情节，但是对于当时利用这些作品进行讲道的神职人员和聆听这些圣徒故事的一般信众来说，真实性并不是首要因素，甚至可能不是一个重要因素。在这些描写中，我们已完全可以读出作者的意图在于直接凸显圣徒是耶稣的追随者。一位女圣徒干脆向狱吏宣称，在最后的时刻，是耶稣在她之中受难。[1] 与步步重复基督殉难历程的记载相比，这种无畏的信仰宣言中折射出的殉道心理反而更加真实。

与基督的接近乃至合一确是两千年来基督徒的一贯渴求。不过相比后世以早期教会为典范和资源，早期教会内部的典范倒更集中于耶稣基督本身。希腊教父德尔图良（Tertullianus，150—230）就曾经写过一篇《致殉道者》（*Ad martyrii*），其中没有多谈死亡本身，主要谈的是为坚持信仰而受囚禁和磨难。其中就用耶稣来类比殉道者：

> 如今监狱之于基督徒就如当年沙漠之于先知。我主也常常在沙漠中置身孤寂，以更自由地祷告，远离俗世。他也是在一个与世隔绝的地点向门徒显荣的。那我们抛弃"监狱"这个名称，就叫它隔绝之地吧。[2]

---

[1] 同上书，15,6。

[2] 德尔图良：《致殉道者》II。

◎ 奥利金像，16世纪铜版画

同一时期的另一位神学家更加直接地阐发了殉道行为与耶稣基督的关联。与那位福音书中的卡利斯玛式人物的关联在他看来如此真实，他自己都险些为此而献出生命。这就是另一位希腊教父奥利金（Origenes, 184—254）。

奥利金的父亲便是一位殉道者，他自己也受到了激荡。早期教会史家尤西比乌（Eusebius, 263—339）记录道："迫害之火熊熊燃烧，大批信徒得着了殉道者的冠冕，此时对殉道的渴求也攫住了奥利金的灵魂，虽然他只是一个男孩，却总渴望着接近危险，怀着热切跳起来冲向战斗。若非神意为了许多人的好处通过他的母亲阻拦了这种渴求，他的生命当真就要终结了。"[1] 幸好

---

[1] 尤西比乌：《教会史》VI, 2.3-4。

他放弃了殉道的荣耀，后来才能用自己的智识为上帝的经书和义理增添荣耀。虽然不曾殉道，奥利金本人仍然坚持过极为严苛的苦修生活，并以对殉道者公开表现好意闻名于亚历山大里亚城。他从监禁到宣判都和这些囚徒在一起，这就是冒着自己被捕的危险了；甚至在他们被领向刑场时，奥利金也一路陪伴，公开以亲吻向这些罪人致敬，"在他们周围的异教徒常常被他激怒，要从他身上推挤过去。幸好上帝的援手使他奇迹般地逃脱"[1]。他的榜样在他的学生身上激起了同样的激情，其中六人在迫害到来时慷慨赴死，获得了他们的老师在年少时渴求的冠冕。

奥利金是以言行合一受到学生和其他信徒的崇敬的。作为一个热诚而勤奋的学者，他不仅在行为上勇敢地陪伴殉道者，也为殉道行为阐发出新的神学理解。他在235年为两位身陷教难的长老安布罗斯[2]和普罗托忒图斯写成《劝勉殉道》（*Exhortatio ad Martyrium*），其中阐述了自己的思考。福音书是他的重要思想资源。他引用耶稣问过门徒的话：

> 我将要喝的杯，你们能喝吗？[3]

---

[1] 尤西比乌：《教会史》VI, 3.4-5。

[2] 此安布罗斯生于3世纪，原奉灵智派，后被奥利金折服，皈依大公教。见尤西比乌：《教会史》VI, 18.1。与活跃于4世纪的米兰主教安布罗斯并非一人。

[3] 《马太福音》20:22。见奥利金：《劝勉殉道》，30章。

这是不容易的。因为对死亡的恐惧，正是撒旦最有力的武器。而耶稣甘愿在十字架上死去，又从死里复活，"就不再死，死也不再作他的主了"[1]。赴死成了克服死亡的武器，此后便是全新的永恒生命。不仅如此。耶稣的死并非为了个人的复活，更是指向了大众。一是要显明圣爱："基督在我们还作罪人的时候为我们死，神的爱就在此向我们显明了。"[2] 二是为众人洗罪。耶稣这一死，犹如祭坛上的羔羊为献祭者换得宽免，世人"靠着他的血称义"，藉此赎了罪，也就可以从他的死"得永生"[3]。这个事件完全颠覆了死和生的意义。

奥利金认为，殉道者追随耶稣而死，也有相似的意义。对于基督在十字架上显明的圣爱，只有忍受迫害、完成殉道才能最好地回报这种爱，并宣示他们对基督的爱。[4] 并且，他们接过耶稣喝下的"杯"，走上与耶稣一样的道路；这杯并不是致死的苦酒，而是从死亡走向永生的"拯救之杯"[5]。因为耶稣早已谈到对殉道的奖赏：

> 若有人要跟从我，就当舍己，背起他的十字架，来跟从

---

[1] 《罗马书》6:9。
[2] 《罗马书》5:8。
[3] 《罗马书》5:9, 5:21。
[4] 奥利金：《劝勉殉道》，5章。
[5] 同上书，28章。

我。因为凡要救自己生命的，必丧掉生命；凡为我丧掉生命的，必得着生命。[1]

这新的生命，这种奖赏，比殉道者抛在身后的任何财产都更大。[2]

奥利金又进一步阐述这种新生命。他提出：在受过水的洗礼以后，此前的罪就洗清了，成了新人。但是在洗礼皈依之后又犯下大罪，该怎么处理呢？奥利金的答案是：效仿耶稣基督，以殉道为洗罪：

> 无洗礼则不能赦罪。但按着福音书中的律法，人不能为着赦罪在水中受两次洗。但我们有了殉道的洗礼。[3]

也如同基督之死并不仅仅带来个人的复活，喝下拯救之杯的殉道者也不仅由死亡为自己赢得了永生，还给其他人带去了清白生命的福泽。这便是血的洗礼和水的洗礼之区别：水的洗礼赦的是自身的罪过，但效仿耶稣基督，施行血的洗礼，则不仅洗去了自己的罪，也像耶稣基督一样，可为更多的人赎罪：

---

[1] 《马太福音》16:24-25；《马可福音》8:34-35；《路加福音》9:23-24。见奥利金：《劝勉殉道》，12章。

[2] 奥利金：《劝勉殉道》，14章。

[3] 同上书，30章。

> 正如我们凭着基督的宝血得救[《彼得前书》1:19],……凭着殉道者们的宝血,其他人也得救。[1]

当然,这并不是说殉道者之死可如同基督之死一般直接为世人洗罪。殉道者仿佛以基督为首领的祭司,坐在首领身边,协助和促成对他人的宽恕:

> ……我们的救主所受的殉道洗礼为世界赎罪;当我们受这洗礼时,这洗礼也为许多人赎了罪。正如照着摩西的律法坐在祭坛边的人帮着用公牛和山羊的血赦免犹太人的罪过[《希伯来书》9:13],那为上帝之道被斩的信徒的灵魂[《启示录》20:4]也并不是白白地在那天上的祭坛边上,他们帮着那些祈祷赦罪的人。同时我们又知道,正如大祭司耶稣基督将自己作了牺牲,这些以他为首领的祭司们也将他们自己作为了牺牲,正是因为他们的牺牲,他们得以坐在那祭坛边上。[2]

圣徒在天上的祭坛边上,帮助祈祷赦罪的人得到赦免。因此也就可以理解人们何以蜂拥而寻求圣徒庇护。而一个多世纪以后的米兰主教安布罗斯正是在这个思想的基础上,大力推动

---

[1] 奥利金:《劝勉殉道》,50章。

[2] 同上。

了圣徒崇拜的兴起。由他带动的这股风潮,使得生平模糊的圣维塔列和圣阿格里科拉在此后几百年中,都受到博洛尼亚人的崇拜。

二、"这是你们所欲求的"

4世纪末发现两位圣徒的遗骨后,圣维塔列和圣阿格里科拉教堂便建起来了。这座巴西利卡在后来的多次修缮中被加入了伦

圣维塔列与圣阿格里科拉教堂内部

◌　圣维塔列棺面浮雕白描

巴第和罗曼式的元素，但基本结构没有受到改变，仍是长方形空间由两排受力的立柱和装饰性圆柱分隔出中厅和两条侧廊。教堂内部现在已是空空落落，红砖墙面斑驳发黑。近代修缮时用砖重新铺了地面，只在一角专门留下了一片玻璃保护的早期马赛克地面。但抬头仍可以看到四根装饰性圆柱的柱头各各不同[1]，其中一根柱子上保留有壁画的残迹，顶上拱券是由庄重华美的红白大理石相间砌成。这些都昭示着这座教堂的辉煌过去。

整座教堂为西北-东南朝向，祭坛位于耶路撒冷方向的东南端，于是参加崇拜的信徒们便可以朝向圣地遥遥拜祝。在建成教堂后，两位圣徒的遗骨就按照惯例被放置在祭坛下，但其容器已不可考。现存最早的是7世纪为两位圣徒打造的两口石棺，用动物等浮雕装饰，如今放置在祭坛两边。

---

[1] 其中还有一个保留着2世纪的爱奥尼亚式柱头，说明这座教堂在建筑时也沿用当时惯例，采用了异教建筑中的现成材料。

从地下墓穴时期就开始发展的基督教符号系统，在 7 世纪已经发展得相当丰富。和早期教堂常从异教神庙获取建材一样，基督教的符号系统也吸收了许多异教元素，广泛地用于雕刻和绘画。维塔列石棺上除含义明显的十字架和"我们是有福的，殉道者维塔列"铭文外，还有两只孔雀，便是取了异教传说里孔雀肉身不腐的意思，用以象征永恒和不朽，是墓碑和石棺上常见的符号。

阿格里科拉的石棺则更为精致。其正面环绕象征坚贞的百合花纹，棺面中心站一个执手杖、行赐福手势的天使；右侧一头狮子，象征基督和威权；左侧一头雄鹿。异教传说中，鹿是蛇的天敌，会循气味将蛇拉扯出洞，用蹄子践踏至死。基督教中常用蛇象征魔鬼，于是鹿便用于象征战胜魔鬼的基督。另一方面，《旧约·诗篇》又有"如鹿渴慕溪水"（42:1）的句子，鹿也代表着温顺和慕道的美德。

在两口石棺前有两个平信徒的墓碑嵌在地上，正是从前围绕圣徒墓下葬的风俗。奥利金阐发的圣徒助信徒得救的观念极为深

◊ 圣阿格里科拉棺面浮雕白描

入人心。这两位殉道圣徒虽然不如头一个门徒彼得和使徒保罗一般重如教会基石，却是博洛尼亚本地发现的年代最早的殉道者，对本城信徒来说，倒更为亲近。如今二圣徒教堂门上，还镶嵌有一方浮雕，描绘圣阿格里科拉和圣维塔列一左一右与基督在一起。圣徒与基督的关联，并不因地域和天国里的"座次大小"[1]改变。人们仍然殷切地围绕在两位本地圣徒周围。

不仅如此。在奥利金时代的狂热殉道风潮过去以后，后世的人们既继承了对殉道本质和圣徒角色的理解，对于圣徒们的遗骨、遗物乃至刑具等一切与之相关之事，非但不似从前罗马传统般视之为与死亡有关的污秽，更是认为它们具有了与世俗之物截然两判的神圣本质。罗马时代虽然避死亡如瘴疠，对死去的英雄还是多有崇拜的；他们虽然也享有极高的哀荣和相应的纪念仪式，但从地点到性质还是和对神灵的崇拜仪式分离，人始终是必死和必朽的人，与永生的神之间的鸿沟不可逾越，也不应僭越。基督教的殉道圣徒却在一定意义上跨越了这种神和人的分野：他们固然是人，却藉由死亡获得了永生，并获得了与神子极为亲密的关系。俗世的祈求通过他们上达天听，上帝的神力藉由他们得以显扬。因此，现代人看来难以理解，但中世纪早期以降的基督徒们的确相信圣徒的遗骨具有非比寻常的超自然力量，因触摸过

---

[1] 福音书里，门徒虽然几次问到天国里谁为大或谁坐基督左右的问题，耶稣却从来没有直接回答。

◎ 圣阿格里科拉和圣维塔列与基督在一起

圣骨、圣物而治愈疾病的奇迹屡有传闻。另一位大拉丁教父、希波的主教奥古斯丁，在《上帝之城》第十卷中驳斥了许多异教神迹[1]，却又在最后一卷一连记述了21个神迹故事，如果不算一则用基督墓地上的土治病的故事，仍有15则与殉道圣徒有关，其中2则讲的是米兰的孪生子圣徒，又有12则都是列举与基督教第一个殉道者圣司提反有关的治愈奇迹。其中讲到，不仅在圣龛边躺

---

[1] 奥古斯丁：《上帝之城》10.16.2，吴飞译本。

下可以使重病痊愈，把病人的衣物乃至裹尸布放在圣龛上，也能使这些布料具有了起死回生的神力。[1] 奥古斯丁写道：

> 从希波王城开始有这些圣龛，到现在不到两年，虽然有很多神迹没能记录下来，但我确信是很神奇地发生了，而那些被记录下来的，就达到了七十件。[2]

这些故事的意义超越了神怪段子和治病偏方。奥古斯丁在那部巨著的最后一卷谈到末日复活时大量引用这些故事，因为

> 如果基督或先知们所预言的肉身的永恒复活不先在基督上显现，或是根本不会到来，那么，那些为了对复活的信仰而杀头的人怎么会死去了还能做这么大的事？[3]

圣徒死去了还能行这诸多神迹，说明肉身复活就是可能的：圣徒们在俗世中死去以后，确实在天上的基督身边复活，并且通过死而复活的基督，向俗世传递神的大能；而通过他们传递的神力竟可生死肉骨，更合了生而为人的隐忧：

---

[1]　奥古斯丁：《上帝之城》22.8。
[2]　同上书，22.8.21。
[3]　同上书，22.9。

书房里的奥古斯丁，波提切利，1480

我知道你们想一直活下去。你们不想死。你们想从此生渡到彼生，不是作为死人再站起来，而是完全地活过来，完全蜕变。这是你们所欲求的。这是最深处的人类情感；灵魂冥冥地渴望、本能地欲求着它。[1]

---

[1] 奥古斯丁:《布道词》344.4，转引自 Peter Brown,《圣徒崇拜：在拉丁基督教中的兴起和角色》(*The Cult of the Saints: Its Rise and Function in Latin Christianity*, Chicago, 1980)，第 77 页。

过去的耶稣基督复活、未来的上帝选民新生,都在此刻已死去的圣徒所行的活生生神迹中得到了验证。对于死亡的恐惧是常存的,但在圣徒的启示和护佑下,肉体的死亡不足为道(看圣徒们的身体遭受了多少折磨,现在又被分散在世界各处!),灵魂的新生则可耐心以待。

圣维塔列和圣阿格里科拉也是这样活在天上,并将他们永恒的生命展现在博洛尼亚的信众面前。6世纪的法国史家、图尔主教格里高利(Gregorius Turonensis, 538—594)记载过关于这两位博洛尼亚圣徒遗骨的两则奇迹:一个人丢了钱,到两位圣徒的墓前祷告,刚出教堂就迎面遇见一人走来将捡到的钱还给他。这是神力对信徒的保护。又一则说的是一个想要盗取圣骨的贼,揭开其中一口棺盖,突然就被一股大力裹卷到棺里不得脱身,直到人们听到他的呼救才得以解困。这是神力对冒犯者的惩罚。[1]

这些字纸上的神迹在当今似已褪色。不过,中世纪早期的信徒们将这些超自然奇迹口口相传,史家将它们记入圣徒传记供人反复宣读,这些都表明这些圣物在他们心上的影响是活生生的。6世纪的一位平信徒在书信里描述自己的体验:

> 当我身处圣洁的殉道者的遗骨存放之所,我便感到强烈

---

[1] A. Cattabiani,《意大利的圣徒:生平、传说、圣像、纪念日、保护者、仪式》(*Santi d'Italia: Vite, Leggende, Iconografia, Feste, Patronati, Culto*, Milano, 1999),第 927 页。

的愿望要进去敬拜它们。每次经过，我都感到应当低下自己的头。……当我正要走进去时，对上帝的畏惧就压到了我的头上！[1]

直至中世纪晚期，如此不可抗拒之力仍然强大。圣徒文学仍然盛行，并发展出新的类型，不过从10世纪起也出现了质疑圣骨神力的声音。[2]但即便是否定圣徒信仰对象真实性的作品，仍不自觉地见证了这种信仰的另一种真实。14世纪，薄伽丘（Giovanni Boccaccio，1313—1375）在《十日谈》里描写了一个有关圣徒遗物的故事，其情节与圣徒文学完全相悖，却意外地达到了和圣徒文学一样的结局。故事说一个修士用欧洲本土少见的鹦鹉羽毛冒充加百列天使的羽毛向信众骗取钱财，两个年轻人为了戏弄他，偷偷将"天使羽毛"换成了厨房里随手拿的几块木炭。这修士在弥撒中才发现这一足以令他下不来台的恶作剧，急中生智，说自己混淆了装羽毛和装有"殉道者劳伦斯被酷刑烤死时用的木炭"的盒子，顺势用这木炭为人赐福，仍然受到了信众追捧。[3]虽然这只是个充满谎言的故事，但其中说乡民们对这"羽

---

[1] 转引自 Peter Brown，《圣徒崇拜：在拉丁基督教中的兴起和角色》，第11页。

[2] 克吕尼的奥多（Odon de Cluny, 878—942）讲过一个圣骨没能施行奇迹的故事。参见 P. J. Geary，《神盗：中世纪盛期的遗骨盗窃》（*Furta Sacra. Thefts of Relics in the Central Middle Ages*, Princeton, 1978），第28—29页。

[3] 薄伽丘：《十日谈》第六日故事第十。

修士向信众展示神奇的木炭,《十日谈》第一个插图本(1492)木刻插画

毛"充满崇敬,对"用烤死圣劳伦斯的木炭在身上划一个十字,一年之内都不会被火烧痛"的神力深信不疑,却未必完全是虚构。事实上,恰是因为故事里的人由始至终未曾怀疑过圣物的真实,这个骗局才得以成立;也恰是因为写故事、讲故事和听故事的人仍然处在圣物信仰盛行的历史语境中,这个故事才不仅仅是个逗口舌之利的段子,才能叫读者听众对这毒辣讽刺报以心照不宣的大笑。在这个故事里,圣物是假造的;接下来这个"圣物"又被一个更假的圣物替代;为了圆这个"谎中之谎",这个修士又临时编造了一大篇杂糅了探险游记和圣徒文学范式的胡说八道,结果赢得了善男信女的拥戴。这样,"圣物是否为真、其神迹是否为真、与其相关的文学是否为真"等传统上默认的问题被完全颠覆,被坚决地剥离了故事核心,整个"圣徒遗物"事件里只留下了唯一不改真实、不可颠覆的元素:信众对圣徒遗物的虔

敬。这一稳定的信众心理，以及这种心理背后隐藏的对永恒的渴望，正是长逾千年的圣徒遗骨信仰的关键所在。薄伽丘的故事堪称一则用反转手法进行的现代历史学考察。

三、"他们会有区别地净化病体吗？"

图尔的格里高利记载下的奇迹故事是否为实呢？这个问题似乎与圣徒传记具有多少历史真实性一样难以一口咬定，也早就被现代历史学家搁置。不过，盗窃圣骨的事情是有的，自786年查

◎ 圣司提反堂下层墓室里，盛有两位圣徒遗骨的圣物盒被高高地供在祭坛上

理曼大帝降临博洛尼亚并觐见两位本地圣徒遗骨以来，此地就屡屡发生圣骨偷盗事件。所幸无论是不是上帝藉两位圣徒发挥神力，偷儿的意图始终不曾得逞。不过，为一劳永逸地制止此类行径，人们还是于1019年将遗骨移出石棺。此时，新加的施洗约翰教堂已经建成，分上下两层，下层便用作墓室，遗骨被转移到这里来。建造者在墓室外加了铁门，此时本笃会修士又已在旁边建起修院，并接手教堂的管理，这样遗骨的安全就更有保障了。遗骨按照当时风尚，放在金属质地装饰华丽的圣物盒中，并镶嵌了透明的水晶，以使信众可观看到圣物面貌。

小小两个圣物盒，装的东西自然不多。另有一部分遗骨，保存在博洛尼亚城中另一座以两位圣徒命名的教堂中。这座"在竞技场的圣维塔列和圣阿格里科拉教堂（Basilica di San Vitale e Sant'Agricola in Arena）"建于11世纪，之所以如此命名，是因为教堂原址为两位圣徒当年被公开执行死刑的刑场，即为城里的重要公众场所竞技场。该教堂历经多次改建，现在已完全退缩到17世纪的建筑外立面后面，内里装饰也换成了巴洛克式。不过，其地下墓堂仍然保留了初建时的简朴风貌，旁边就是在2006年被挖掘出来的古竞技场石墙遗迹。此地选址既有如此意义，专门将两位圣徒的遗骨分一些出来供奉在此，也是理所应当。

不过，他们并没有止步于博洛尼亚。根据安布罗斯的叙述，他取了一些遗骨放在佛罗伦萨，又带了一些回到自己的辖区米兰；远在南部诺拉城的保利诺主教，在获得他们的遗骨时写了

竞技场教堂的地下墓堂

诗歌称颂；北边法国鲁昂主教维特里奇（Vittricius de Rouen，330—407）则在396年为一座教堂祝圣而写的《圣徒颂》（*De laude sanctorum*）中说道"阿格里科拉在博洛尼亚行医治，在这里我们也可看到他的大能"；根据现存最古老的圣徒纪念历书"耶洛尼米"（Martyrologium Hieronymianum），在法国奥弗涅（Auvergne）和罗马也都有他们的部分遗骨。这难免让人有些不明所以：即便我们比照着佛陀舍利分八万四千塔的故事，不像传统罗马人一样对分离尸骨如此深恶痛绝，这种做法似乎仍然理由不足：如果说法国的两个城市基督教传入略晚，或因地处罗马帝国边远地区而受迫害不严重，如今反而苦于没有殉道者；或者像许多北非城市，他们的殉道者是晚近教派斗争中只受到一派承认的：在圣骨崇拜的风潮中，这样的城市大概就不得不向外求取圣骨。[1]但那两个意大利城市基督教传入都比较早，自有本地在罗马时期殉道的圣徒护庇，米兰主教安布罗斯就极为重视那对孪生子圣徒，以至于他死后人们便将他的遗体与那对孪生子并排放置在一起，供人瞻仰；诺拉城也在用宏大的建筑表达对圣腓力切的尊崇。那又何必再引入与本城没什么关系的远客呢？

此事仍然要溯源到安布罗斯。

安布罗斯在4世纪末到5世纪初的基督教会中拥有相当大的影响力。北非的奥古斯丁及其挚友、后来的塔加斯特主教阿里彼乌（Alypius，4—5世纪）都视安布罗斯为精神导师，在他的教会里受洗；[2]以米兰为地理中心的多位意大利北部城市的主教，诚服于安布罗斯的渊博学识、高贵风度、丰富经验和沉着手腕，视他为领袖和经文解释、伦理事务、地方教会发展和管理的启发者。[3]在以他为中心的私人通信、公共写作中的互相引用、教职任免等多种事务中，一个新的精英阶层开始在教会里形成，他们

---

[1] Gillian Clark,《遗骨转移：鲁昂的维特里奇与4世纪争论》（Translating Relics: Victricius of Rouen and Fourth-century Debate, in *Early Medieval Europe*, 2001, 10 [2], pp.161-176），第163页。

[2] 此事发生于公元382年。参见奥古斯丁：《忏悔录》8.12.28。

[3] N.B. McLynn,《米兰的安布罗斯：基督教首都中的教会和宫廷》（*Ambrose of Milan. Church and Court in a Christian Capital*, California, 1994），第276—290页。

5世纪马赛克中的安布罗斯像

对安布罗斯本人的热切超出一般下级对上级的职业性尊敬。[1]

从某种意义上来说，也许安布罗斯在教会管理上的贡献比他的神学影响更加深远。他谱写的赞美诗用优美的古典语言表达基督教观念，并在弥撒中使用，连奥古斯丁这样深谙修辞机巧、头脑警醒的学者都被他的音乐感动得热泪盈眶。[2] 这些作品在西方

---

[1] 当然在米兰辖下的总教区里也有一些城市颇为沉默，如帕度亚、帕尔马、拉文纳、里米尼等地就不曾出现在安布罗斯的写作中。参见 N. B. McLynn，《米兰的安布罗斯：基督教首都中的教会和宫廷》，第 287—288 页。

[2] 参见奥古斯丁：《忏悔录》9.16.14。

教会里推行开来，并形成了"安布罗斯式赞美诗"的范式流传后世。共同吟唱的赞美诗有效地弥合了参与弥撒的男男女女、贫富贵贱之间的分别，在教堂里——至少在这一时一地——构建出一种超越俗世的和谐和团结。[1]这大概就是安布罗斯致力的目标。他在教会内禁止了在节礼和坟墓前举行奢华宴会的旧俗，以打破这种"类于祭祀祖先的仪式"对家族观念的强化和对教会融合的阻碍。[2]他尤其倡导富人通过教会对老弱病残行善，如此，穷人和富人可以构成和谐的一体，而教会作为中介者也获得了不可取代的地位。妇女们尤其欢迎这样的举措，因为她们原本得躲在丈夫或儿子的名义背后，将自己的财物捐赠给竞技活动或建筑工程；现在她们却可以在主教的指点下，不仅在灵性上得到滋养，还可以用本来面目参加公共生活，广行施舍可为自己赢得"乞儿之母"的美誉[3]，捐资修建祭坛或教堂，更能让自己的名字不再依附于男子，与圣徒美名和砖石塔楼一起流芳百世。

这种和谐的"理想社群"一度是基督教对于外教的吸引力所在。安布罗斯曾经在386年用一次果决的行动为米兰的信徒社群又增添了一个凝聚力中心，那就是杰瓦西奥和普罗塔西奥这对孪生子圣徒遗骨的挖掘和转移。

---

[1] 参见 N. B. McLynn,《米兰的安布罗斯：基督教首都中的教会和宫廷》，第 225—226 页。

[2] Peter Brown,《圣徒崇拜：在拉丁基督教中的兴起和角色》，第 35—37 页。

[3] "乞儿之母"是米兰的达耶达利娅（Daedalia）的墓志铭。

在此之前，米兰并非不曾掘出过殉道者的遗骨，甚至这对孪生子圣徒的遗骨，就是安布罗斯"受上帝启示告知"而在两个较早的圣徒祭坛前挖出来的。不过，在挖出遗骨后的两天内，安布罗斯就迅速地安排并完成了遗骨的转移和安置，此等速度却是前所未有。除了旧例的守夜祷告等仪礼外，转移遗骨的队伍相当盛大，当场发生的瞎子复明的奇迹，也迅速在口头和文字中流传开去。安置地点更是特殊：是一座安布罗斯主持设计和修建的新教堂，主教还宣布，他死后要葬在这个教堂里。这一对孪生子圣徒被安置在一座主教在生前和死后都坐镇于此的教堂，无疑就对米兰

◯　米兰的圣安布罗斯教堂

教会具有了其他圣徒难以比拟的意义。[1]他们不属于某个家族,也不同于零散接受崇拜的一般圣徒。他们在这座教堂的祭坛下,整个教区的仪礼都必然与他们发生关系。他们是本地教会的保护者,教会中的所有信众都能受到他们在基督身边散布出来的恩典。

因此,虽然有与安布罗斯为敌的阿里乌斯教派放言,称从挖掘到奇迹都是安布罗斯一手导演的假戏,米兰的信众仍然充满感激地与自己的邻人一起接受了这一赐福。如此美名随安布罗斯的影响力传开,对这对圣徒的崇拜甚至流传到了北非。此后,将本地圣徒的遗骨与教会福祉联系在一起的做法,也受到了其他地方主教的仿效。

正是在这样的风潮中,安布罗斯来到博洛尼亚,和本地主教一起,挖掘出了又一对圣徒的遗骨。

圣阿格里科拉和圣维塔列本为主仆,却因同样坚持信仰而一同荣登圣品,本身就是基督教打破身份界线的典范。安布罗斯在7年前亲自主持孪生子圣徒遗骨的发掘后,又受邀见证此等盛事,自然大加褒赏,随后就在一篇演说词中叙述了这对主仆圣徒的殉道始末。和孪生子圣徒的情形一样,安布罗斯的叙述就是这对圣徒最早的成文记载,由此似乎可以推测,他们的故事一直留存在博洛尼亚人的记忆里,虽然埋骨地点一时模糊,殉道日期也不甚清楚。在5世纪成书的耶洛尼米圣徒历中,这对圣徒在博洛

---

[1] Brown,第37页;N.B. McLynn,第229页。

安布罗斯与孪生子圣徒的遗骨被一起安置在圣安布罗斯教堂里

尼亚享有 3 个纪念日：4月29日、11月27日和12月3日。这些都是什么日子呢？这本历书并没有加以详细说明。不过博洛尼亚在 9 世纪使用的历书里，却清晰地标注了另一个日期：11月4日，"圣徒阿格里科拉和维塔列之诞辰"[1]。

这两人生在同一天的几率似乎不大。这个"圣诞"日更有可能其实是他们的死难日。诺拉的保利诺主教曾经如此赞颂圣腓力切：

> 我的保护者诞生在天国里的那一天有福了！[2]

---

[1] Lanzoni,《意大利各教区纪事》，第 778、781—782 页。

[2] 转引自 Brown，第 57 页。

死在俗世中,生在天国里,这个日子比俗世的生日更为重要。看来9世纪的博洛尼亚人是将11月4日定为二人的殉道日期,此后都在这个日子进行两位圣徒的纪念仪式,延续至今。

不过,在其他地方,他们又有不同的纪念日。耶洛尼米圣徒历在12月10日下标记了"奥弗涅城,殉道者圣阿格里科拉和维塔列"。图尔的格里高利在他的史书里提供了详细说明:在这个日子,奥弗涅主教奉献了新建好的主教座堂,两位圣徒的遗骨就安放在新教堂的祭坛下面。4月28日则是圣维塔列在罗马的纪念日,在这一天教宗英诺森一世为女族长维斯蒂娜奉献的教堂祝圣,其

罗马的圣维塔列教堂

中就设着圣维塔列的圣龛。[1]

将圣徒遗骨安置在教堂的日子作为圣徒纪念日，其意义也毫不逊色于圣徒"在天上的诞生日"。对于当时的人们来说，圣徒遗骨的发现并非一项考古工作。圣徒遗骨得见天日，令信众有幸享受它的庇佑，这本身就是一个奇迹，是上帝赐予世界的恩典[2]，不然，如何会在圣司提反的遗骨发掘现场有73个在场的病人嗅到墓地传出的芬芳而被治愈？在米兰的孪生子圣徒遗骨出现在人们面前时，是上帝而不是安布罗斯的安排，让一个瞎子得见了光明。薄伽丘笔下的骗子教士在圆谎的时候，也晓得要拿神意来说话：

> 这样看来，原是天主的意思要我拿那烤死了圣劳伦斯的木炭给你们看，好唤起你们对他应有的虔诚，所以我本来想拿羽毛没有拿成，却拿来了这一盒被圣体的汗浸灭了的神圣的木炭。[3]

---

[1] Lanzoni,《意大利各教区纪事》，第781页。不过这里就牵涉到两个维塔列公案。罗马的这个教堂本名为维斯蒂娜堂（Titulus Vestinae），6世纪改名为圣维塔列堂（Titulus sancti Vitalis），如今被认为供奉着圣维塔列及其妻子一家圣徒。学者Lanzoni分析4—6世纪的文献认为，这个教堂原本供奉的就是博洛尼亚的仆人维塔列的遗骨，只是随着5世纪托名安布罗斯殉难记的流传，这遗骨被附会为拉文纳的那位父亲维塔列。

[2] 参见Brown，第91—92页。

[3] 薄伽丘:《十日谈》第六日故事第十，方平译本。

迎接圣骨入城的隆重仪式，5世纪浮雕，德国特利尔主教堂

因此，时人并不将在教堂安置遗骨看作高级的文物保存办法，而是上帝允许这遗骨进入到此地此时的信众中去。遗骨的分散和转移的意义亦远超一般的赠礼：这是神意许可的福泽分享。这种观念发展到中世纪盛期，甚至使盗窃圣骨变成了合法和荣耀的行为。因此，圣徒遗骨被安置在教区本堂的日期，实是神意令他"在他的百姓中在场"[1]的时间。对于奥弗涅和罗马教区本身来说，相较于殉道日，这个日子的意义也许更为重大。

不过，圣阿格里科拉和圣维塔列的遗骨被送到奥弗涅和罗马，已经是安布罗斯去世几十年以后的事了。这位米兰主教在离开博洛尼亚时就带上了他们的部分遗骨，走过法恩扎，于394年

---

[1] Brown，第98页。

到达佛罗伦萨。在此地他为一位寡妇朱莉安娜捐建的圣劳伦佐教堂[1]祝圣，便以这最新的上帝恩泽为赠礼，并当场发表了那篇叙述圣徒事迹的演说。396年，鲁昂主教维特里奇取了圣阿格里科拉和另一位博洛尼亚圣徒普罗克洛（Procolus）[2]的遗骨。402年保利诺为诺拉建成的那座城镇一般壮丽的圣腓力切之墓，在落成时取得了主仆两人和圣普罗克洛的遗骨，并写诗称颂：

> 虔敬、信仰、美德和冠冕属于
> 殉道者阿格里科拉、普罗克洛和维塔列。
> 博洛尼亚将他们埋葬，
> 坚贞的信仰召唤他们战斗。
> 胜利，会用宽慰的棕榈覆盖他们
> 那被闪亮的铁钉钉在十字架上的身体。[3]

这一切背后，安布罗斯的影子难以抹去。主持发掘主仆圣徒遗骨的博洛尼亚主教尤西比乌乃安布罗斯的密友，安布罗斯正有

---

[1] 此为佛罗伦萨现存最古老的教堂。

[2] 这位圣徒的生平更加苍白，早在4世纪末的文献中就出现了他的名字，但直至12世纪才有人写作他的殉难记，却认为他的殉道发生在518—527年间，显然不足为凭。详见Lanzoni，《意大利各教区纪事》，第779页。

[3] 转引自Lanzoni，《意大利各教区纪事》，第778页。在此感谢孙帅和吴功青在翻译此诗过程中的帮助。

诺拉城中的圣保利诺雕像，现代作品

两封"致尤西比乌"的书信传世。鲁昂主教维特里奇在《圣徒颂》中对安布罗斯致以热情祝愿，此前他已从米兰获赠孪生子圣徒的遗骨。而将遗骨送给鲁昂的博洛尼亚主教尤斯塔奇乌不幸生平阙缺，但是其前任为安布罗斯密友，其继任胂力切索性就是安布罗斯在米兰培养出来的教士，由此可推测此间博洛尼亚与米兰两城的关系是逐渐加强的。397年，安布罗斯逝世。于此后获赠遗骨的诺拉主教保利诺却曾与他保持密切通信，并在安布罗斯去世后写了他的传记。

简言之，这几位都是安布罗斯"教会精英网"中的成员。安布罗斯不仅通过书信和作品"引用率"来构建出各地主教之间的联网，圣徒遗骨的赠礼也是一个重要手段。孪生子圣徒的遗骨不仅见于米兰和鲁昂，在波尔多和希波也设有他们的圣龛。安布罗斯在395年发现的又一对圣徒纳匝勒和乔索（Santi Nazaro e Celso）的遗骨也分布在鲁昂、诺拉和米兰附近的布雷西亚（Brescia）。[1] 本来，多地分享同一圣徒遗物的情形并不少见，圣十字架和圣母腰带等圣物碎片分散在欧洲各地，圣司提反圣龛在突尼斯的乌匝利（Uzalis）、阿尔及利亚的希波和卡拉迈（Calama）等地都有行奇迹。[2] 不过如同安布罗斯这般，将只具有本地意义、与本地教会紧密关联的圣徒遗骨广为赠送，此类"市场营销战略"实在不见多少先例。[3]

收受赠礼固然是建立和巩固关系的重要举措，而这赠礼的神圣性质更使之超越了普通的书信来往和知识阶层惯用的互相引用：这些圣骨与本地信众社群息息相关，将它们分享给其他地方的教会，使之得以迎接同一位圣徒的临在，享受同一位圣徒的护

---

[1] Cesare Pasini,《米兰的安布罗斯：行为与思想》（*Ambrogio di Milano. Azione e pensiero di un vescovo*, Milano, 1996），第120页。

[2] 奥古斯丁：《上帝之城》22.8。

[3] N.B. McLynn，第284页。

◐ 鲁昂主教维特里奇像

庇，便可令两地能共享某种神圣的、亲和的关系。[1] 说到底，难道圣徒在家乡之外就不能再行使神力了吗？鲁昂主教维特里奇雄

---

[1] F. Carla, "米兰、拉文纳、罗马：关于古代晚期意大利的圣徒崇拜仪式和城市政治的几条思考"（"Milan, Ravenna, Rome: Some Reflections on the Cult of the Saints and on Civic Politics in Late Antique Italy", in *Rivista di Storia e Letteratura Religiosa*, 2010, n.2），第 204 页。

辩地举出了例子：

> 他们在东方的君士坦丁堡、安提阿、帖撒罗尼迦、尼什和在意大利的罗马，对病人的医疗有什么不同吗？他们会有区别地净化生病的身体吗？福音书作者约翰在以弗所和许多其他地方能医治，同样的痊愈能力也在我们这里。普罗克洛和阿格里科拉在博洛尼亚行医治，在这里我们也看到他们的大能。……我要问，我所举出的这些圣徒在我们当中用一种办法医治，在别人当中又用另一种吗？不：圣徒的任何部分在任何地方，他们都以同等的虔敬防守、净化、保护他们的崇敬者。[1]

安布罗斯将这圣骨的大能同等地赠送给其他教会，由此在他的教会关系网络中增添了神圣的友谊。[2]而这一网络之中的其他主教也心悦诚服地接受了这一套"圣徒—教会"管理模式：圣阿格里科拉和圣维塔列成为了博洛尼亚信众的保护圣徒，让鲁昂和诺拉也一起来分享这神奇的喜悦吧。

---

[1] 鲁昂的维特里奇：《圣徒颂》(*De Laude sanctorum*) 11.1-17，从 Gillian Clark 英译本译出。

[2] F. Carla，第 207 页。

第三章
虽死犹生的圣徒与城市

当安布罗斯和他的博洛尼亚主教带领本城信众在两位早期殉道圣徒遗骨的祭坛前祈求福祉时,这片空地上只有这座长方形的教堂。此时它还称作圣彼得教堂,但圣阿格里科拉和圣维塔列已经开始在这里陪伴博洛尼亚人,一起面对未来数个世纪中西哥特人和伦巴第人入侵的动荡和惶恐。

其他的教堂是怎么建起来的呢?譬如,那座引人注目的八角形教堂据考证是5世纪的产物,它的建造者是谁?

学者们没有在4到5世纪流传下来的文献里找到答案,再往后寻觅,还是没有。直至1074年的本地文献里,才出现了这样的字句:

> 同样,我们也对圣司提反修道院予以认可,就是被称为耶路撒冷,由那极圣洁的主教彼得罗尼乌为他的教会建造使用的。

类似的字句，又出现在1114和1144年的两份文件中。[1] "圣司提反修道院，那被称作耶路撒冷，由主教彼得罗尼乌建的"已经像"牛眼的赫拉、捷足的阿喀琉斯"一样成了一套固定语式，显然其内容早已被人们公认。但这个位于意大利半岛的圣所怎么会被称为耶路撒冷？彼得罗尼乌又是何许人也？

幸好博洛尼亚有一份成于14世纪的"勒诺名录"（Elenco Renano），完整地记录了这个古老教区的主教传承。学者比照了大量文献之后，肯定了这个目录的历史可信度[2]，于是我们可以放心地在上面查到这个名字：在第一任主教匝马（Zama）之后，有幸见证那对主仆圣徒带来恩典的尤西比乌和尤斯塔奇乌分别是第五和第六任，然后来自米兰的教士接任，被标记为"圣腓力切"，随后是第八任主教：圣彼得罗尼乌（S. Petronius）。

在整个名录列举的72名主教中，只有活动在5世纪初的这两位，才被冠以"圣徒"之名，这两人必然有极为服众的品德和行迹。然而，在同一时期的文献中，却没有任何关于这位圣洁的主教为教区做过何事的记载。固然5世纪的教会史家、马赛的简纳第乌（Gennadius Marssiliensis，？—496）曾写到他，少见地称他为"生活圣洁之人"，又在当代意大利各教会中列举出9位"声望盛

---

[1] 见 F. Lanzoni,《圣彼得罗尼乌：历史和传说中的博洛尼亚主教》（*S. Petronio, Vescovo di Bologna nella storia e nella leggenda*, Roma, 1907），第96页。

[2] 参见 Lanzoni,《圣彼得罗尼乌》，附录文章《论勒诺名录的真实性和完整性》（"Dell'autenticità e integrità dell''Elenco renano'"），第201—215页。

隆之人"，其中有英诺森一世等三位教宗，有诺拉的保利诺，还有博洛尼亚的彼得罗尼乌。显然，这位主教在5世纪的意大利教会中相当重要。只是，他到底做过什么的问题，还是没有得到解决。于是，圣司提反堂究竟与他是何种关联，就更是无从谈起了。

一、"一个新的耶路撒冷建成了"

"圣司提反修道院，那被称作耶路撒冷，由主教彼得罗尼乌建的"，这一固定用语，并不见于11世纪之前的文献。不过，从887年以后，文献里就不时出现"圣司提反，也被称作圣耶路撒冷"的句子。[1] 这倒不是一个非常突兀的形容，因为此时已经有了"罗马的耶路撒冷"。这指的是君士坦丁一世在其母亲埃莲娜在巴勒斯坦的耶路撒冷挖掘出圣十字架以后，在其寝宫里修建的教堂（Basilica di Santa Croce in Gerusalem）。这个教堂珍藏有钉死耶稣的十字架碎片、与耶稣一同受刑的两个强盗之一的十字架、曾沾过醋为耶稣解渴的海绵、一部分荆冠、一颗钉子，以及钉在那圣十字架上，用希伯来、希腊和拉丁三种文字写着"犹太人的王，拿撒勒人耶稣"的木牌。不过，让此地可被称作耶路撒冷的，还是因为埃莲娜从圣地带回了泥土，铺洒在礼拜堂的地上，如此便将一部分耶路撒冷带到了罗马。因此迟至15世纪，人们都

---

[1] Lanzoni,《圣彼得罗尼乌》，第 103—104 页。

钉在耶稣十字架
上的木牌

还简称这教堂为"耶路撒冷",对那神圣的十字架反而不提[1]:因此,这个教堂的名字要是译为"耶路撒冷的圣十架教堂",未免模糊,大概应当称它为"在耶路撒冷的圣十架教堂",虽然拗口,当更加准确。

不过,博洛尼亚的圣司提反堂除了一片圣十字架碎片外,并没有其他来自圣地的宝物。而若是存有任意一件耶稣圣物的地方都可自称为耶路撒冷,恐怕这个名号就要遍布西欧,"也被称作圣耶路撒冷"就根本不能用于辨识出博洛尼亚的圣司提反堂了。幸好有12世纪一篇名为《记殉道圣徒维塔列和阿格里科拉之转移》的文献对此进行了一番解释:

就在那有福的殉道者司提反的教堂旁边,建起了一座修道院……那里还有一座我主耶稣基督之墓的仿品,其建造秩

---

[1] G. Matthiae,《罗马的教堂: 从 4 至 10 世纪》(*Le chiese di Roma. Dal IV al X secolo*, Roma, 1962),第 52 页。

◌ 君士坦丁一世与埃莲娜拜真十字架

序井然,荣光四射。[1]

罗马的埃莲娜在礼拜堂里祷告时,能跪在耶路撒冷的泥土上,向圣十字架、荆冠和指明基督为王的木牌伸开双臂。在激动不已时,她还可能曾经伸出手去,将那有幸沾湿过救主的嘴唇的海绵紧紧贴在自己唇边。博洛尼亚没能复现出如此真实的场景,但将耶路撒冷的基督之墓在本地复现,却也是个不小的野心。

---

[1] 转引自 Lanzoni,《圣彼得罗尼乌》,第 103 页。

安布罗斯和奥古斯丁的雄辩口舌鼓到声嘶力竭，奥利金和保利诺的生花妙笔写至毫秃墨涸，大概也道不尽耶路撒冷在基督教徒心中的重量。4世纪初，君士坦丁一世在将基督教提到合法地位以后，决心再行壮举以增添荣耀：

> 在那里，按着君士坦丁皇帝的命令，建起了一座巴西利卡，就是一座美轮美奂的大教堂。[1]

这个地方，就是福音书中记载的"凿在磐石里的"基督之墓；在此地，大地曾经震动将墓门打开，看守的人吓得如同死人；在此地天使曾经坐在石头上面，告诉妇女们："不要害怕，我知道你们是寻找那钉十字架的耶稣的。他不在这里，照他所说的，已经复活了。"[2] 尽管后来的天主教会和东正教会内部对此提出过一点异议，而安立甘宗和新教诸教派完全否认这个地点的真实性，但在4世纪的人们眼中，基督的墓穴就在此地，这和圣彼得头朝下被钉死、圣保罗跌马瞎眼才大悟一样，是几百年间代代流传下来的共同记忆。然而，这将信徒们连系在一起的记忆，却被邪恶的异教徒玷污了：

---

[1] 《波尔多人行记》(*Itinerarium Burdigalense*)。该文献的引文全部转译自 Lanzoni，《圣彼得罗尼乌》，第 105—107 页中的拉丁引文。

[2] 《马太福音》27:60，28:2-6。

那时，有些既不虔敬又不敬神的人想要将这个神圣的山洞完全从众目中抹去，愚蠢地认为这样他们就可以遮蔽真理。于是他们从很远的地方辛辛苦苦运来土壤，覆盖了整个地点；将这地方堆高之后，又在上面铺上石头，将那神圣的山洞藏在这个大土堆下。然后，虽然已经达到了目的，他们还在这上面造了一个可怕的灵魂之墓，建起阴森的神庙，奉献给一个死气沉沉的偶像，就是他们叫作维纳斯的，还在那粗劣邪恶的祭坛上放上恶心的祭品。他们觉得，不如此他们就无法完全达成目的，这样就能将那神圣的山洞埋葬在这些污秽之下。[1]

当然，基督之大能的光芒始终闪耀，并不是照着人们的身体，却是亮在人们的灵魂里。同样，即便那基督复活之地已被污秽掩埋，他的复活却始终在为世界做见证，几百年来他的教会一直在增长。不过，君士坦丁一世还是决定将这些污秽除去。"在圣灵的指引下"，他下令将维纳斯神庙中的雕像连同它代表的恶灵一同推倒在地上，将建筑神庙的石头和木材运得越远越好，然后将这个大土堆挖开，所有被异教污染了的土壤都要运走。[2]

这时，"出乎所有人的意料，那记念了我们的救主复活的空荡荡的丰碑被发现了"[3]。

---

[1] 尤西比乌《君士坦丁大帝传》3.26，据 Samuel Bagster 英译本译出。

[2] 同上书，3.26-27。

[3] 同上书，3.28。

4世纪耶路撒冷圣墓大教堂平面图

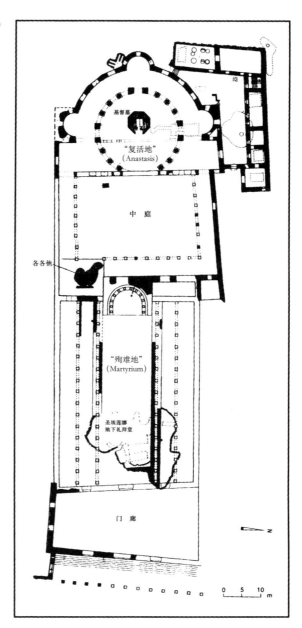

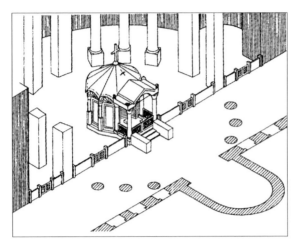

◐ 4世纪基督墓复原图

尤西比乌惊叹，此墓之重见天日，恰如基督从死复生。他却没有写，这个墓里有没有裹尸布、十字架、荆冠一类的遗物。总之，为此事所激励，君士坦丁迅速下令在此地建造教堂，"它的墙壁、柱子和大理石之美，应当要超过世界上所有的教堂"[1]。这就是耶路撒冷的圣墓大教堂（Church of the Holy Sepulchre）。

在基督教刚刚合法走上地面八年之后，世界上有多少座教堂恐怕并不难算出来。不过，建造一个长约150米、宽达70米的建筑，无论如何都算是4世纪初的大工程。333年，一个朝圣者从高卢波尔多地区前来瞻仰圣墓，随后在游记里对这座壮丽的建筑物作了描述，如同对读者进行导游。

---

[1] 《君士坦丁大帝传》3.31。

整座大教堂由三个部分组成，覆盖了基督殉难中的两个重要地点：

一座圆形穹顶大殿，笼在基督墓上方。基督墓本身修成圆形，君士坦丁下令用立柱和其他各种最灿烂的装饰来烘托这整个工程的最主要部分。[1]墓室内点长明灯，基督的棺材靠北边放置。波尔多人在此感叹道："圣教会呀，谁来到Anastasis，他就站在了我主受难后复活的地方。"Anastasis就是希腊语"复活"的意思。

这个大殿的东边紧接了一个由立柱环绕三边的中庭。虽然这地方在朝圣者眼中"没有那么神圣"，仍是"极大，相当美丽"；不过，尤西比乌看来更了解君士坦丁的用意：应当用石板和立柱好好地装饰这片空地，令它"向天国纯净的空气开放"[2]。

这个中庭连接了西边的基督墓和东边的教堂。在波尔多朝圣者眼中，这教堂"精心建成，是一件令人叹赏不已的杰作，一座美得炫目的巴西利卡，顶上贴着闪亮的黄金，祭坛也供着丰盛的黄金，内墙上覆着大理石"。这个教堂叫作Martyrium，就是"殉道"的意思，因为"伟大的教会呀，谁来到各各他，就是我主去世的地方，他就来到了Martyrium"。教堂在东端设三个入口，正对着底端12根柱子绕成的半圆，柱子的数目是根据耶稣最早的门徒的数目定的。[3]

---

[1] 《君士坦丁大帝传》3.34。

[2] 同上书，3.35。

[3] 同上书，3.38。

尤西比乌对整个工程给予了近乎僭越的赞美：

> 于是，就在这见证过救主受难的地点，一个新的耶路撒冷建成了。……这也许就是先知们预言过的那第二个、新的耶路撒冷。[1]

然而，他的赞美落空了。这样一座沐在天国纯净气息之下的神圣建筑，并没有免于同样富丽的异教神庙刚刚遭受的命运，也像所有其他没有那么神圣的基督教堂一样，要反复遭受地上战火蹂躏，甚至还要再次倒在异教徒"污秽"的侵犯中。

公元614年，波斯人侵入耶路撒冷，教堂毁于大火。629年拜占庭皇帝赫拉克略（Heraclius，575—641）重得圣城，重迎圣十字架入城，并对教堂进行了修缮。但638年耶路撒冷又被阿拉伯人攻占。966年，在一场暴乱中，教堂的大门和屋顶被烧毁。1009年10月18日，在法蒂玛王朝第六任哈里发哈基姆（Al-Hakim bi-Amr Allah）的命令下，这个基督教最高圣地终于被彻底摧毁，教堂内部遭到劫掠，拱顶、墙壁和支柱尽倒于瓦砾。整个西欧为之震惊。

此后拜占庭帝国与法蒂玛王朝为重修圣地之事进行了长期谈判，最终在1037年达成协议。另一位君士坦丁——被称作君士坦丁九世的拜占庭皇帝，斥巨资重建圣墓大教堂。这个工程最终在1048年完成。

---

[1] 《君士坦丁大帝传》，3.33。

1048年耶路撒冷圣墓大教堂平面图

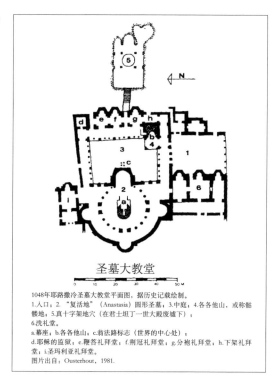

1048年耶路撒冷圣墓大教堂平面图,据历史记载绘制。
1.入口;2."复活地"(Anastasia)圆形圣墓;3.中庭;4.各各他山,或称骷髅地;5.真十字架地穴(在君士坦丁一世大殿废墟下);
6.洗礼堂。
a.幕座;b.各各他山;c.翁法路标志(世界的中心处);
d.耶稣的监狱;e.鞭笞礼拜堂;f.荆冠礼拜堂;g.分袍礼拜堂;h.下架礼拜堂;i.圣玛利亚礼拜堂。
图片出自:Ousterhout, 1981。

重建工程虽然动用了拜占庭帝国的大量财力,却没能恢复君士坦丁一世时期的盛况。只有最核心的基督墓和周边的建筑被恢复了,那美轮美奂的巴西利卡仍是一片废墟。不过,君士坦丁九世在中庭的东边,即原巴西利卡的西墙的位置,修起了五个小礼拜堂,分别象征了耶稣受难的全过程:监禁、受答、冠荆、分袍、下架。这几个事件发生的地点原本分布在耶路撒冷城中各处,此时蜷缩在一个地方,大概是尴尬的拜占庭帝国能在穆斯林地盘上筹谋得的最佳结果了:"因为在城中街道上,难以自如地走动在各个圣所之间。建立这些礼拜堂标志了朝圣者追思基督的受难是何等重要。这些礼拜堂就构成了'一条微型的受难之路'。"[1]

圣墓大教堂的烧毁和艰难重建在相当程度上刺激了1096年第一次十字军东征。[2] 十字军队伍在攻取耶路撒冷后,对圣墓大教堂进行了大型扩建,规模更胜君士坦丁时代。19世纪又进行了一次扩建,形成了如今的规模。

二、"那也被称作圣耶路撒冷的"

11世纪以来,从西欧前往耶路撒冷的朝圣者和十字军大大增进了两地的接触。圣城一直是教堂及祭坛、洗礼盆装饰中喜用的意象,这时各个教堂也开始热衷于模仿圣城中最为重要的地标:基督之墓。其基本特点都被一一采用:圆形平面,穹顶或锥顶,内部环立8或12根柱子,祭坛后面还留有回廊。[3] 在英国剑桥和南安普顿、西班牙滨河托雷斯小镇、意大利南部的布林迪西等地,都在这个时期建起了以圣墓为摹本的圆形教堂。也有许多地方没有启动这样的大工程,只在教堂里设圣墓模型。这样,信徒们在

---

[1] Morris, 2005, 第135页。现在耶路撒冷城中的受笞教堂和宣判教堂,均为19世纪末至20世纪初的建筑。

[2] Morris, 2005, 第135页。

[3] Robert G. Ousterhout, "圣司提反堂:博洛尼亚的'耶路撒冷'"(The Church of Santo Stefano: A "Jerusalem" in Bologna, *Gesta*, Vol. 20, No. 2 [1981], 第311—321页)。

◯ 两处圣墓摹本

本地就可以朝觐圣墓的影像。

不过,早在君士坦丁九世和十字军重修圣墓之前的9世纪,博洛尼亚的圣司提反堂就已经被习以为常地称为"圣耶路撒冷"了。它仿造的甚至不止于基督的坟墓本身。它的平面图显示出和君士坦丁一世的圣墓大教堂相似的整体布局。一份收录在1180年书籍里的圣彼得罗尼乌传记,对圣司提反堂——传说中这位主教的最主要功绩——各处的象征意义进行了说明:

"在这个复杂的工程中,他奇迹般地建起了一件象征性的作品,看上去正和我主的墓一模一样……墓室内的墙上全部贴着四方形的石片,打磨光滑,纯净闪亮。"这便是紧挨着二圣徒教堂

博洛尼亚圣司提反堂中的圣墓教堂和中庭

的八角形圣墓教堂。

"此外还用许多种柱子建起了另一座建筑;这是一个中庭,围绕了两排精致的柱子,柱础和柱头都有重重装饰,在较矮的一排柱子上就露出了更为华丽的一排柱头。"从圣墓教堂东边的小门走出来,正是这个中庭,"向天国纯净的空气开放"。

"如此,这两排柱子延伸向一个用各各他命名的地方,也就是髑髅地,那里放着基督为拯救世界而打败了的十字架。"[1] 这

---

[1] 1180 年传记被收录在 Enzo Lodi,《圣彼特罗尼乌:博洛尼亚城市和教区的保护者》(*San Petronio: Patrono della citta e Diocesi di Bologna*, Bologna, 2000),第 85—126 页。以上三处引文见第 105—106 页。

博洛尼亚圣司
提反堂平面图

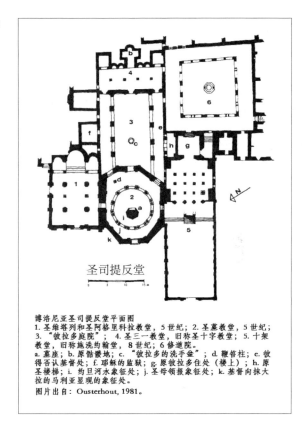

博洛尼亚圣司提反堂平面图
1. 圣维塔列和圣阿格里科拉教堂，5世纪；2. 圣墓教堂，5世纪；
3. "彼拉多庭院"；4. 圣三一教堂，旧称圣十字教堂；5. 十架
教堂，旧称施洗约翰堂，8世纪；6 修道院。
a. 墓座；b. 原骷髅地；c. "彼拉多的洗手盆"；d. 鞭笞柱；e. 彼
得否认基督处；f. 耶稣的监狱；g. 原彼拉多住处（楼上）；h. 原
圣楼梯；i. 约旦河象征处；j. 圣母领报象征处；k. 基督向抹大
拉的马利亚显现的象征处。
图片出自：Ousterhout, 1981。

是中庭另一端的圣十架教堂，只是圣十架教堂没有像耶路撒冷的
Martyrium采用半圆结构。传记作者在写下这句话时，大概恍然已
身在耶路撒冷了。

建造者显然也考虑到了朝向问题：先有的圣阿格里科拉和圣
维塔列教堂并不是正朝向，而是偏向东南-西北——事实上，这
个朝向使得教堂的祭坛指向了东南边的耶路撒冷。为了顺应这座

老建筑，新建的圣墓仿品也只好一起摆偏了，而不能完全像君士坦丁的工程一样采用正东正西的布局。不过，墓室仍然在西端，"各各他"在东端。

"圣墓"教堂的结构也尽量与耶路撒冷保持一致：笼罩住整座坟墓的是八角形教堂，上加十二边形攒成的穹顶，穹顶下环绕柱子共计十二组。[1]

耶路撒冷的圣墓大教堂在基督殉难处立十二根柱子并非出于力学考量，却是神学象征。同样，博洛尼亚教堂中的数字也是有含义的。基督教对数字之重视，乃是承自犹太教的解经学，又结合新约做了新的象征意义阐发。抛去对圣经章节数目、关键字重复次数等佶屈聱牙的解读法不提，仅在经文字面意思看，数字"八"就有新生和复活的象征。《创世记》17:12说，象征肉体新生的割礼应在新生儿第八日进行；使徒彼得说，在那令人类几近灭绝的大洪水中，挪亚方舟救出了八个人（《彼得一书》，3:20）。更重要的是，犹太传统中一周的终结安息日在星期六，《马太福音》28:1说，基督复活在"七日的头一日"，即星期日；这是象征新生命的下一周的第一日，也是象征旧生命的前一周的第八日。将这个数字用在基督墓上，实在是再适合不过了。

"十二"则是另一个重要数字。旧约记载以色列国有十二个

---

[1] 之所以是十二"组"柱子，是因为其中保留了七根异教神庙时期的黑色非洲大理石柱，与后来砌起的砖柱紧挨，共享一柱头。虽实为两根柱子，在十二边形的穹顶下只占据一个柱位。

支派，新约中追随耶稣的有十二位门徒，这是个具有凝聚力和向心力的数字。它又被称作"永世里的完全数"，因为使徒约翰写到过天国里的新耶路撒冷：

> 有高大的墙，有十二个门，门上有十二位天使；门上又写着以色列十二个支派的名字。东边有三门、北边有三门、南边有三门、西边有三门。城墙有十二根基，根基上有羔羊十二使徒的名字。
>
> 又量了城墙，按着人的尺寸，就是天使的尺寸，共有一百四十四（十二的平方数）肘。
>
> 城墙的根基是用各样宝石修饰的：第一根基是碧玉；……第十二是紫晶。十二个门是十二颗珍珠，每门是一颗珍珠。[1]

君士坦丁一世的圣墓大教堂只在东边有三个门，大概是因为这个新耶路撒冷毕竟还是在地上。而远离耶路撒冷的博洛尼亚完全没有此等野心，大概只在头顶上建造十二边形穹顶时不自觉地流露了点对那基督升上去的天国的向往。

穹顶之下的高大石台，摹仿的是耶稣的墓本身。1106年一位俄罗斯教长但以理往巴勒斯坦朝圣以后形容经过重修的基督墓：

---

[1] 《启示录》21:12-21。

◐ 圣司提反堂圣墓教堂穹顶

整座墓"就像一座读经台",而墓门"极其低矮,人不双膝跪地就过不去"[1]。博洛尼亚的这座石台,平顶上加了围栏,南侧索性加建了讲道台;墓门向东开放,极为矮小。墓室里点长明灯,

---

[1] 但以理(Daniel):《俄罗斯修道院长但以理朝圣记,1106—1107》(*The Pilgrimage of the Russian Abbot Daniel in the Holy Land, 1106-1107 A.D.*, annotated by Sir C. W. Wislon, London, 1895),第 12 页。

圣司提反堂圣墓教堂里的13世纪壁画《希律王杀婴儿》,现存圣司提反堂博物馆

"基督之棺"靠北边。这些都和耶路撒冷的一样。由此也可以想到,君士坦丁在这个地方用了"各种最灿烂的装饰"来烘托墓本身,这个仿本也不应简陋。然而,君士坦丁用过的黄金和大理石都早早流失,在博洛尼亚这里,即便曾经用过珍贵的装饰材料,如今也都看不到了。何况,即便是没有战火的年代,那曾经鼓舞伟大君王不惜财力装饰圣墓的激情,也同样激荡在未来的世代,

◐ 博洛尼亚的圣墓

并不因身份和才干之不及而减弱。因此,13世纪的修士要请人作壁画,这画又在19世纪被巴洛克壁画雄心勃勃地取代了。但几十年后人们对于圣墓应当展现何等神圣面貌又有自己的理解,因而拆去了所有装饰,连刷墙的石灰都没有保留。——结果,烘托墓地的只剩下现今光裸的砖墙和石柱,有浮雕装饰的"圣墓"反而变成了整个教堂里最华丽的部分。这些浮雕组件的凌乱又是那么明显,完全可以判断,"罗马不是一天建成的",这座"圣墓"与圣司提反堂本身一样,千余年间经历了多次加建和修葺。它最早是什么样子?如果是和君士坦丁的圣墓一样,紧挨其南侧的小讲道台和两道楼梯又是何时加建的呢?楼梯上18世纪仿古风格的石雕,是和楼梯一起落成的吗?那5幅泛黄的浮雕是同时的作品吗？[1]

　　这些问题的答案如同隐秘的编码，需要用故纸堆和石头里的线索拼凑推想。不过，"圣墓"上5幅浮雕所表现的内容，就明白得多了：无论材质、色彩、线条、手法怎么变化，基督教的符号系统始终是比较稳定的。讲道台的两幅浮雕，表现四位福音书作者：有翼的牛犊路加、飞鹰约翰、有翼的狮子马可和有翼的人马太。[2] "圣墓"主体上的三幅浮雕，则描绘基督复活故事中的三个角色，在这座"复活地"（Anastasis）上，为周围的信众一步步铺好了路：

　　一幅是虔敬的妇女们走来："安息日将尽，七日的头一日，天快亮的时候，抹大拉的马利亚和那个马利亚来看坟墓。"

　　一幅是天使降临，墓门打开："忽然，地大震动，因为有主的使者从天上下来，把石台滚开，坐在上面。他的像貌如同闪电，衣服洁白如雪。"

　　一幅是异教徒吓倒："看守的人就因他吓得浑身乱战，甚至和死人一样。"[3]

---

[1] Lanzoni 认为这些加建和目前可见的装饰，都是 12 世纪以后的工程。关于这个时期的修缮深入到什么程度，Ousterhout and Morris，第 235—236 页略退一步，认为是直至 12 世纪圣司提反堂才确定了对圣墓的摹仿。不过，12 世纪以前将圣司提反堂称为"圣耶路撒冷"的文献似乎能够构成一条证据，虽然这些文献并没有对为何如此称呼做出具体解释。

[2] 其形象来源于《以西结书》1:10 描绘的四活物异象。《启示录》4:6 以下描绘的天上宝座周围的四活物，也沿用了这个意象。四个活物依据其不同的特性，对应比喻四位风格不同的福音书作者。

[3] 《马太福音》28:1-4。

◎ 博洛尼亚"圣墓"上的三幅浮雕

天使把守的墓门里有长明灯闪亮,引着信众和两个马利亚一起走近查看。石棺是空的:基督已经复活。

在这一出由浮雕和墓室一同演出的活剧里,过去和现在、艺术和现实的界线消融在神秘的时刻。信众也成了剧中的演员,基督复活的见证者。如果说罗马的埃莲娜太后通过圣十字架、荆冠、铭牌、沾醋的海绵和满地耶路撒冷的土壤使自己随时能身处圣地,追想救主在十字架上的苦痛,那么博洛尼亚的信众和香客却在一个抽象得多的环境里,在各种象征物的提示下,进入流动的时间,荣耀地成为了基督荣耀时刻的亲历者。

这固然是仿建圣墓的应有之义,却未必是人们所满足的。仿佛是为了令"圣墓"显得更加高大,基督复活之义更加明示,原本放在"各各他"的十字架被搬到石台上来了。这不是每个祭坛上都可见到的十字架:

> 在这个被叫作各各他的地方,立着一个木头十字架,其长度和宽度是完全按照基督的十字架来制作的。[1]

如今这个十字架高高地立在"圣墓"上,仿佛圣墓同时也是各各他山似的。这个目的不明的举动发生在16世纪。[2]

"圣墓"教堂里还有一根单独立在一旁的黑色大理石柱子,据说是象征耶稣受鞭笞的地方。这一处又是什么时候立的呢?1180年传记里并没有提到它。而且这根柱子在14世纪以前索性都不曾出现在文献里,而那份第一次提及它的文献正是14世纪写成的另一篇圣彼得罗尼乌传记:"它是从……基督在上面遭受鞭打的那根柱子复制而来"[3]。不过,这份文献的可信度有多大,我们能不能相信是传主圣彼得罗尼乌做了此事呢?如果搁置这个问题,还可以问,14世纪以前的人,例如1180年传记的作者,为什

---

[1] 1180年传记的拉丁原文和意大利语译文被收录在 Enzo Lodi,第85—126页。以上四处引文见第105—106页。

[2] Ousterhout,第315页。

[3] 同上。Lanzoni,《圣彼得罗尼乌》,第139—142页收录了这则传记的简写版本。此处记载见第141页。

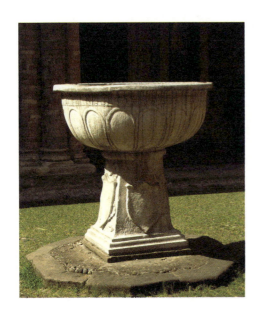

● 彼拉多之盆

么都没有提到这个如此重要的象征物呢?

此外,中庭里醒目地摆放了一个石盆,称"彼拉多之盆",这中庭也由此得名"彼拉多庭院"。公元33年的罗马总督彼拉多曾"拿水在众人面前洗手,说,流这义人的血,罪不在我,你们承当吧"[1]。显然这个盆便是这段故事的象征了。因这个石盆上的铭文有"向我们的君主利乌特普兰德王、希尔普兰德王和神圣博洛尼亚教会的主教巴巴图奉上誓言"的字样,便可以很清楚地把它的制作年代定在737—744年间。不过,在彼得罗尼乌的14世

---

[1] 《马太福音》27:24。

纪传记以前，并没有文献将这个石盆和彼拉多联系在一起。这个传记同时还讲到，"圣墓"后有一处地方，象征的是马利亚被天使加百列告知从圣灵受胎的地点；"圣墓"下有一个泉眼，象征耶稣治愈天生盲人的西罗亚池。[1]

中庭南侧墙上，立有一只石公鸡，传说乃是象征彼得在耶稣被逮捕后三次不认主："彼得就发咒起誓地说，我不认得那个人。立时鸡就叫了。彼得想起耶稣所说的话，鸡叫以先，你要三次不认我。他就出去痛哭。"[2] 这只石公鸡首次出现在14世纪稍后的一部传记里。其他中世纪晚期的文献也陆续将新的象征物添加进来：中庭北侧的礼拜堂象征耶稣受监禁的地方，中庭南侧的礼拜堂是彼拉多宣判的地点，"各各他"东端一个礼拜堂是基督在复活后向抹大拉的马利亚显现的地点，另一个礼拜堂供奉东方三博士，等等。[3] 关于数字也有些特别的讲究，例如放着两位圣徒遗骨的墓室里有一根柱子高170厘米，恰好是耶稣的身高；从"圣墓"到对面"各各他"的距离为42米，这与记载中耶路撒冷圣墓到各各他的距离41.6米大致相等。[4] 也就是说，基本是一比一的复制。整座建筑群被称为"七教堂"，也是为了呼应《新

---

[1] Ousterhout，第315页。耶稣治愈天生盲人的故事出自《约翰福音》9:1-12。

[2] 《马太福音》26:74-75。

[3] Ousterhout，第315页。

[4] 同上书，第312页。不过，学者们对这个数字还有争议。

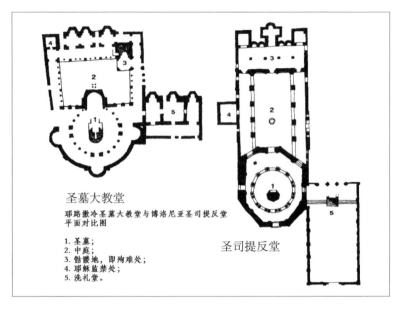

○ 圣司提反堂和圣墓大教堂平面图局部对比

约·启示录》中说的"七个教会"[1]。

虽然这些琐碎的柱子、雕塑、礼拜堂背后的象征系统隐隐呼应着1048年圣墓大教堂微缩圣城的规划,它们的建造日期却不能就此定论;不过,我们至少可以认为,从14世纪开始,这些象征物的重要性上升到了人们感到有必要将他们写下来的程度。

---

[1] 《启示录》1:4。William Montorsi,《博洛尼亚圣司提反堂:拜占庭－伦巴第－本笃会》(*S. Stefano in Bologna. Bizantini-Longobardi-Benedettini*, Modena, 1980),第一册,第136页。"教堂"和"教会"本是一个词。

◐ 圣司提反堂中庭南侧柱廊上可以见到多个时期的修葺痕迹,墙上除了有石公鸡外,还有历代留下的多个墓碑

圣司提反堂本身在一千多年间经历了无数次修整,大则拆建教堂,移墙动柱,小则添壁画,立雕塑。所有的工程都层层叠加起来,如果没有详细的档案记载,要完全分辨出各处属于什么时期几乎是个令人绝望的工作。甚至,从君士坦丁一世建圣墓到圣司提反堂第一次在现存文献中被称作"圣耶路撒冷"[1],这五百

---

[1] 学者 Lanzoni 将这个时间往前推至 8 世纪上半叶。他将彼拉多之盆的铭文上连写的 IHR 解读为 "Iherusalem" 一词的缩写,这就使 HIC IHR 的铭文读为 "在耶路撒冷这里",从而在 737—744 年间就将这个名字赋予了圣司提反堂;而其他解读法则与 "耶路撒冷" 无关。

多年间,是在哪个时候开始这个摹仿计划,它又经历了什么变化呢?这也是难以解决的问题。随后,可以推测的是,后来,尤其是1048年以后的历次修缮工作中,继续模仿耶路撒冷至少仍然是目的之一。事实上,所有这些碎片集合在一起,足以将耶稣的诞生、行走到受难、复活讲述一遍。这已经远远超出了对圣墓大教堂的模仿:圣司提反果真不仅仅是"圣墓",更是名副其实的"圣耶路撒冷";它甚至超过了1048年君士坦丁九世重修圣墓、浓缩耶路撒冷城的规划,根本是要将整个福音书世界都纳入一座教堂中。

三、"请拯救你的博洛尼亚城及其市民"

1180年的圣彼得罗尼乌传记,将摹仿耶路撒冷记作是这位主教的第一件功绩:

> 当这位可敬的神父坐上主教宝座,就首先安排了他的美德的灵性基础,那就是对提奥多西一世摧毁的教堂进行修缮,这样就修复了许多教堂。他还在城外通往东边的路上,奉最早的殉道者司提反之名,神奇地建了一座修道院:其建筑高大,使用了多种石材,环绕着用珍贵的斑岩打造的柱子,又用不同颜色的石料造了柱础和柱头,用了许多人物、走兽和飞禽的形象来装饰。在这件复杂的工程中,他奇迹般

地建起了一件象征性的作品，看上去和我主的墓一模一样，就是照着他在耶路撒冷时看到过，并在神的照看下丈量过的样子。[1]

这件功绩最早是在1074年的博洛尼亚本地文献中提起的：

> 同样，我们也对圣司提反修道院予以认可，就是被称为耶路撒冷，由那极圣洁的主教彼得罗尼乌为他的教会建造使用的。

我们在为圣司提反堂溯源时遇到了这位主教，并在5世纪的文献里找到了他的踪迹：意大利教会9位"声望盛隆之人"之一。但同时也遇到了诡异的情况：在1074年以前，没有人记载他是本堂的建造者；连他的同时代人都对此只字未提。

关于他的记录都很笼统。5世纪的里昂主教尤柯里乌（Eucherio di Lione，380—449/450）曾把彼得罗尼乌与阿尔的希拉里乌（Hilarius Arelatensis，403—449）相提并论，说"两人都从那被称作是满载世俗权力的位置，往上走向了神职"。[2] 而希拉里乌乃是出身于一个权贵家庭。称赞彼得罗尼乌"声望盛隆"的史家

---

[1] Lodi，第105页。

[2] 尤克里乌：《劝诫瓦勒里安努书》（Epistola paraenetica ad Valerianum cognatum, De contemptu mumdi et saecularis philosophiae），PL 50, 719。

简那第乌,是这样记录他的:

> 彼得罗尼乌,意大利博洛尼亚主教,生活圣洁之人,从少年时代即从事修道学习,被认为是《埃及修院诸教父传》的作者,人们也将此书看作是他修道生涯的明镜和准绳。同样归于他名下的还有《论主教之授秩》,说理精妙,语言优美;但这其实不是他写的,而是他的父亲彼得罗尼乌,一个雄辩并精通于世俗学问的人,据悉他还是一名精干的地方总督。他死于提奥多西和瓦伦提诺统治期间。[1]

可以查证出,从350至450年间只有一位罗马帝国的地方长官名叫彼得罗尼乌,即402至408年间任职高卢的,很可能这就是简那第乌所说的父亲。[2] 通过文献比照,可以分析出他应是在431或432年成为博洛尼亚主教,在450年之前去世。[3] 不过,《埃及修院诸教父传》的作者已由当代的学者考证另有其人。[4] 结果,关于博洛尼亚第八任主教彼得罗尼乌的生平,从5世纪流传下来的可靠信息实在是寥寥无几,遑论他在任期间的作为了。他的名字并没有消泯,但其生平也并没有更丰富。9世纪的一篇《年代记》说:

---

[1] 从 Lanzoni,第 20—21 页拉丁引文译出。

[2] 同上书,第 20—23 页。

[3] 同上书,第 29—32 页。

[4] 同上书,第 25 页。

彼得罗尼乌治愈被砸伤的工匠，圣彼得罗尼乌大教堂壁画，1509—1511

彼得罗尼乌，意大利博洛尼亚主教，生活圣洁之人，从少年时代即从事修道学习，其父彼得罗尼乌乃地方总督，精通世俗学问之人。已去世。

这则记录从内容到行文都是简那第乌的精缩版。

奇特的是，1180年的圣彼得罗尼乌传记却是一篇长达12节、占了28面手抄本的作品，记录了这位主教早慧而虔敬的幼年、以圣洁和博学闻名君士坦丁堡的青年；随后他受皇帝提奥多西二世之委托出使罗马，获教宗塞莱斯廷一世赏识而被授秩为博洛尼亚

◐ 圣司提反堂的
本笃修道院与
钟楼

主教；在此地他主持修建了仿耶路撒冷圣墓的圣司提反堂和其他一系列教堂；此前，提奥多西一世因侄儿在博洛尼亚行暴政被市民杀死，在博洛尼亚行杀戮，并放火烧遍全城。米兰的主教圣安布罗斯在这时为了保护米兰和博洛尼亚两座城市，宣称对未来再侵犯城市的君王将采取绝罚。此后，彼得罗尼乌便带领工匠重建宫室和教堂，期间还行神迹治愈了一个被砸伤的工匠；最后，他亲赴君士坦丁堡,带回了许多圣徒遗物。这篇传记以1141年10月4日时任主教的恩里科在"圣墓"里发现了这位圣徒的遗骨结束:

> 就在圣司提反教堂,有一座由那有福的彼得罗尼乌按照我主耶稣基督下葬的样子建造的墓;进门右边是一口用珍贵大理石打造的精美石棺,圣彼得罗尼乌在其中珍藏了吗哪和多位圣徒的遗骨;在左边的石棺里,那有福的彼得罗尼乌的圣洁身体就长眠于其中。[1]

此后在每年10月4日,即圣彼得罗尼乌向博洛尼亚人民显现的日子,都会举行弥撒、游行等崇拜仪式。不过,这位圣徒的许多事迹是从哪里冒出来的?如果像传记作者、驻于圣司提反修道院的一名本笃会修士所说,这些记载都是来自"我们年老的神父、极虔诚的人,还有从我们的先辈,他们在年代纪和这位牧者的传记里读到了这些内容"[2],5世纪的简那第乌为何会不提这些自古流传下来的功绩,不记他在博洛尼亚建耶路撒冷,也不记他为百姓向皇帝争取自由,反而花篇幅去辩驳一部作品的错误归属呢?而且,这位12世纪的传记作者似乎比简那第乌更了解彼得罗

---

[1] Lodi,第123页。
[2] 同上书,第94—95页。

安布罗斯禁止提奥多西一世进入教堂

尼乌的家世，称他属君士坦丁二世一系的皇室血统，因此之故，提奥多西二世皇帝便娶了他的姐妹。简那第乌对此也只字不提。此外，无论是基督教还是异教的史家，都不曾提到提奥多西一世有一个侄子，也不曾记录他在博洛尼亚大肆烧杀；他们记录下的，是这位皇帝在帖撒罗尼迦的暴行。米兰主教安布罗斯从来没有对提奥多西在博洛尼亚的暴行表示反抗，因为这样的暴行看来不曾发生；不过，根据5世纪的记载，他倒是曾在帖撒罗尼迦屠杀发生后宣布了对这位皇帝的绝罚。此外，直至1180年传记写成时，博洛尼亚全城还不曾有过用彼得罗尼乌命名的教堂、礼拜堂等圣所，或是城堡、村镇、道路、医院等世俗场所，也没有人用这位身世如此显赫、品德如此圣洁、功绩如此辉煌的圣徒的名字作为孩子的教名。[1]

13世纪末出现了另一篇传记，"根据在那极有福的圣彼得罗尼乌的历史里读到的"各种材料，用意大利"俚语"写成，不仅包含了以上的内容，还补充了许多细节。譬如，这位主教亲自前往君士坦丁堡向他的姐夫提奥多西二世皇帝请求重建博洛尼亚，获得准许后，他就前往耶路撒冷，"记住了从各各他到圣墓、以及从约沙法谷到橄榄山的距离。他准确地获得了我主耶稣基督的身长，还拜访了神子之母圣马利亚被天使加百列告知受胎的房间，以及我主治愈病人的池子。他取得了圣十字架的木头、耶稣基督的荆冠、钉住他的一颗钉子、裹住他下葬的一块布料、宣道时穿的鞋、耶稣基督之母的袍子、一些砸死圣司提反的石头、圣处女卡特琳娜的一只脚……"以及其他许多圣物。这番朝圣之后，他返回君士坦丁堡，向皇帝提出了更多的请求："因为博洛尼亚只有不到三里地，他请求皇帝增加其属地，并令这城市享有自由，由市民们管理，永远不把可能损害这城市的暴君或短期的领主派去那里，就像那残酷的提奥多西一世曾经做的那样。"他

---

[1] Lanzoni，第52页。

圣司提反堂里保存的圣物

还请求皇帝"准许在博洛尼亚建立学院,因为那时没有帝王的明确许可,就不能在任何地方建立学院"。皇帝全部予以准许。彼得罗尼乌带着这许多圣物和福音回到博洛尼亚,受到了"修士、人民和米兰大主教安布罗斯"的迎接。当民众看到这许多圣物,并且获知他们可以"按照自己的意思来规划城市……他们就开始全心投入地在城市的四个位置立起了十字架",并建造了6间教堂。"圣安布罗斯就宣布,并且亲手写下:任何国王、王公、领主、暴君或其他人,都不可与博洛尼亚城为敌而损害它,这样的人将会受到唾弃,并受到神的绝罚,若是他们接近那四个十字架之一,他们就会得病,死去。"随后,圣安布罗斯返回米兰,圣彼得罗尼乌则继续为博洛尼亚人民的福祉努力:他除了模仿圣地建起了圣司提反堂外,还"重建被毁的房屋、塔楼和宫室,邀请出色的人物和家族到博洛尼亚来";他还"创办学院和学者团体,请来著名的博士和远方的学者,给予他们极大的权利,于是在很短的时间内博洛尼亚就有了一座繁盛的学院和各个领域大批出色的学者、博士"。传记赞美道:

> 对这些为他的城市和市民谋好处、增光彩而付出的辛劳,他从未感到懊恼。

据传记记述,这位圣洁的人物操劳成疾,在去世前这样祷告:"救主我神啊,请拯救你的博洛尼亚城及其市民,让他们免于暴君和不公正的人之手,令这些人永不能达成毁灭它的意图,令他们的阴谋泄露,永不实现。"[1]

逝世于397年的安布罗斯和授秩于431/432年的彼得罗尼乌居然能够一起保护博洛尼亚城,实在令人惊讶。不过,这两篇传记最令人惊讶之处,除了写进了这位圣徒的许多前所未闻之事迹以外,就是全篇立足点的明显转变。早期的圣徒传记写作,无不追求凸显传主形象与基督踪迹之相合。而在这两篇作品里,圣徒不

---

[1] Lanzoni,第140—142页。

13世纪手抄本中的红胡子腓特烈一世

再被表现为基督的追随者,也不再忍受苦痛而获得荣耀:当然,彼得罗尼乌时期的基督教徒已经无需在信仰和生命之间抉择。如果说早期的殉道圣徒是在死后成圣才由安布罗斯等主教与信徒的社群联系在一起,这篇传记里的圣彼得罗尼乌则是在为信徒社群服务中得到了尊崇并被奉为圣徒;圣阿格里科拉和圣维塔列为博洛尼亚信众向上帝祷告,求得天上的福祉;而圣彼得罗尼乌则向皇帝提出请求,为博洛尼亚人带来现世的好处。——准确地说,此时受益的已不再是"他的百姓",而是"他的城市和市民"。

1180年传记写成之时，神圣罗马帝国皇帝腓特烈一世（Federico I Barbarossa，1122—1190）已经5次入侵意大利，战争之血腥使他获得"红胡子"之名，而他与教宗之间的纷争导致亚历山大三世教宗在1160年对他施行了绝罚。1162年，已被多次占领的米兰在一年围城后终于无法抵抗，遭受了腓特烈一世军队的侵入和毁灭，一部分难民逃到博洛尼亚。同年腓特烈在博洛尼亚设立执政官。1164年，博洛尼亚人在暴动中杀死了皇帝的代言人，并为抵御可能的报复，开始建起环绕全城的城墙和壕沟。1170年博洛尼亚加入了"伦巴第人联盟"（Societas Lombardorum），其分部就驻在圣司提反堂中庭北侧的一个小间里。1176年，伦巴第人联盟的军队在莱尼亚诺战役中大败腓特烈，使这位暴烈的神圣罗马帝国皇帝从此再也没能侵入意大利的土地，并在1183年签订《康斯坦茨和约》，承认了城市对执政官和议员的提名和选举权。——传记作者在借古喻今吗？

无论如何，这篇传记慢慢流传开来，似乎在城中激起了许多共鸣。13世纪中叶前已经有传记的数个注释版本出现；1250年，博洛尼亚市政记录中开始出现"40支蜡烛奉给圣彼得、圣阿波罗那里、圣多明我和圣安布罗斯"的圣徒纪念日支出；1253年同样的支出被拨给"已故的博洛尼亚主教圣彼得罗尼乌的纪念日前夜守夜"；1257年前后，出现了一份提奥多西二世皇帝的敕令，准许博洛尼亚享有自治，并准许建立学院。这份文件的真实性在16世纪就被质疑，很快就被认定为伪造，而其行文大多抄袭和改装自神圣罗马帝国皇帝腓特烈二世于1220年签发给博洛尼亚主教和博洛尼亚自治市（comune）的敕书。不过，在13世纪下半叶敕令出现的当时，人们是很看重它的，因为随后"提奥多西皇帝所赐予的特权"就被镌刻在了博洛尼亚的城墙上。[1]

于是，13世纪的传记里就理所当然地出现了更为详细的记载，其中"城市""市民"和"自治市"的概念变得像意识形态术语一样突出。

1183年的《康斯坦茨和约》使伦巴第人联盟中的城市获得了相当程度的自治权。此前，博洛尼亚与大多数意大利中北部城市一样，开始在经济和人口上增长，聚居在城里的手工艺人、商人开始增多，形成了新的阶级，与居住在城外城堡里的封建领主形成隐隐对峙之势。同时，一批学者也在这里聚集，收徒教授修辞、语法、逻辑、法律等学问，由此逐渐形成了"学院"，后来形成了世界上第一所大学。博洛尼亚大学的建立年份在19世纪被定在1088年，而其创建者伊内利奥（Irnerius, 1050—1125）则在1116年5月15日带领博洛尼亚的10人代表团在一系列谈判后与神圣罗马帝国皇帝亨利五世签下了协定。该协定使博洛尼亚享有了相当的管辖权和经济自主权，由此形成了本地最早的"自治市"的政体形态。在1164年杀死腓特烈一世直接往城里派进的代言人，便是维护本城自治的举措。1183年的和约迫使腓特烈一

---

[1] Lanzoni，第126—133页。

博洛尼亚大学校徽

世承认城市自主推选执政官和议员的权利，不过这批执政者还是要宣誓向皇帝效忠，并且每年缴纳贡金。

不过，这一胜利似乎决定了此后博洛尼亚将在教宗和皇帝的对峙中更多地站在世俗政权的对面。腓特烈二世（Federico II, 1194—1250）继位数年后，教宗与帝国之争又起，博洛尼亚再次与伦巴第各城市结成联盟对抗神圣罗马帝国，并于1249年在福萨尔塔战役中获胜，俘虏了皇帝之子恩佐（Enzo, 1220—1272），将其扣押作人质23年直至逝世。这场胜利，同时也是反对帝国的新阶级对支持帝国的封建领主的胜利：1256年，博洛尼亚议会决议用市政财产为400个封建领主的6000个农奴赎买自由。这是意大利境内首次解放农奴。大学法学家巴萨吉利的罗兰丁诺（Rolandinus de Passeggeriis, 1215—1300）等四人对此事撰写记录，开篇即声明：

> 起初，主造了喜悦的天国，并在其中安置了他所造的人，在他的身体上加以光明的袍子，即让他享有最完美而永恒的自由。

大概在这个时期，博洛尼亚市开始用白底红十字作为城市标记。也是在这个时期，支持教会的"圭尔夫派"和效忠皇帝的"吉贝林派"的名称出现，两派在伦巴第、罗马涅和托斯卡纳地区发生了多次大规模斗争，并成为未来200多年间城市内斗的导火索，"后来竟招致意大利的毁灭"[1]。不过，这个时期博洛尼亚的统治权还是稳定在圭尔夫派手中，虽然市政经济不时趋紧，家族斗争也时有发生，整个城市还是在此期间获得了长足的发展，并在13世纪末以6万人口成为欧洲第五大城市。无数的房屋、宫室和塔楼在这个时期被建起来，最多的时候全城塔楼竟达180座之数。新的城墙终于不是为抵御外敌而建，而是为了将更多的土地纳入城中。商业和纺织工业的发展使新阶级的势力壮大，政权稳定，大学则使城市增添荣耀。

在这个时期写成的圣彼得罗尼乌传记，就带有明显的圭尔夫派色彩。作者此时看到的圣司提反堂，已是一座包含5间教堂和无数象征细节的建筑群，形成了对基督一生的完整影像；既然传统已认定这位主教就是建造者，他便将看到的一切，包括鞭笞之

---

[1] 马基雅维利：《佛罗伦萨史》第一卷第五章，李活译，商务印书馆，1996年。

博洛尼亚城中圭尔夫派和吉贝林派的争斗，14世纪手抄本

柱、西罗亚池等纪念地都归在他的名下增添光彩。他也用类似的手法，将新近发生的历史事件都嵌入在圣彼得罗尼乌的一生里：既已有了过往传记的框架，再往上添砖加瓦也不是难事。彼得罗尼乌为博洛尼亚城拓展辖地、争得自治："任何国王、王公、领主、暴君或其他人，都不可与博洛尼亚城为敌而损害它，这样的人将会受到唾弃，并受到神的绝罚"，两位受到绝罚的腓特烈皇帝、被杀害和俘虏的皇帝代言人和被削弱的400个领主都在这样的宣言面前寒噤；在彼得罗尼乌的手下，整座城市欣欣向荣："他重建被毁的房屋、塔楼和宫室，邀请出色的人物和家族到博洛尼亚来。他创办学院和学者团体，请来著名的博士和远方的学者，给予他们极大的权利，于是在很短的时间内博洛尼亚就有了一座繁盛的学院和各个领域的大批出色学者博士"，一个生机勃

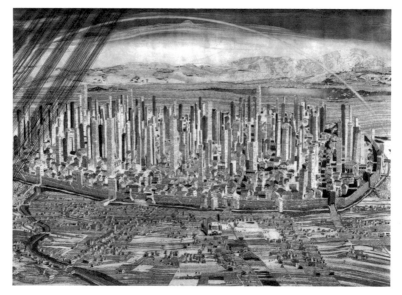

◯　博洛尼亚城中世纪景象

勃的博洛尼亚，在这段5世纪的"历史重写"中呼之欲出，仿佛并不是主教在5世纪主持事务，而是这位圣徒在13世纪活跃在他的城市里。

1284年的市政文件正式将圣彼得罗尼乌列入了城市保护圣徒之列，与使徒彼得、多明我、阿西西的方济各和米兰的安布罗斯同列。1301年市政规定这位圣徒的纪念仪式在圣司提反堂进行，1310年将这仪式扩展到城中及教区内所有的教堂。1335年，本城教会又颁布法令，将圣彼得罗尼乌认定为最重要的圣徒：

在博洛尼亚教区诸事务中，他的名字具有特殊的保护意义，因而我们便恰如其分地崇拜他，我们的父亲和保护者，他的纪念日应当在每年按惯常的时间、地点和方式进行庆祝。[1]

但是，博洛尼亚的内部混战已愈发严重，教宗对城市的干预增多，自治执政团的实际掌控力日趋下降，最终在1337年城市执政权落入了金融家族佩波利（i Pepoli）手中，内政和经济在这个时期才得以保持平稳。十年僭主统治后，博洛尼亚的执政权先是转入吉贝林派的米兰的维斯康蒂家族的控制，又回到了教宗一派手中。博洛尼亚人在教宗格里高利十一世的庇护下恢复自治，

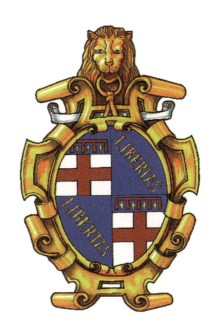

博洛尼亚城徽

---

[1] 见 Enzo Lodi，第 7 页。

◎ 圣彼得罗尼乌大教堂和城市中心广场

并在1377年恢复"人民和工艺的政府（governo del Popolo e delle Arti）"。这是自治市理想政体的回归。"自由"一词在这个时期被加入了博洛尼亚城徽。对那"历史上"城市自由的最初缔造者圣彼得罗尼乌的崇拜，在这时达到顶峰。1388年，执政团决议以那位最大的城市保护圣徒之名，在城市中心广场上建一座大教堂，其铭文写道：

> 加在我们和我们的子孙身上可耻的奴隶之轭，在品尝过上帝赐予我们的丰盛自由味道后就更为苦涩……为了让圣彼得罗尼乌，本城及其人民的保护者和护卫者，为自由和人民城邦的保护、护卫、持存和延续而求祷，我们决定在城中任命元老、执政团和十二区市民代表的地方，以圣彼得罗尼乌

圣彼得罗尼乌像，14世纪早期木版画，存圣彼得罗尼乌大教堂博物馆

的名义建立一座极为美丽而光荣的教堂……让教堂的正面面对着我们城市的广场。[1]

直至今日，这仍是全城最大最壮丽的教堂之一。

圣彼得罗尼乌的圣像也已定型：他身披主教冠服，手持权杖，怀抱以双塔为标志的博洛尼亚城。在后来的世代里，这位5世纪的主教陆续出现在城市中心的市政厅门上和广场上，护卫着博洛尼亚城的自由和繁盛发展。1986年，博洛尼亚大主教比非（Card. Giacomo Biffi）在10月4日的圣彼得罗尼乌纪念弥撒上这样开始他的布道：

---

[1] 转引自 Lodi，第22页。

◐ 博洛尼亚城中心的双塔和彼得罗尼乌像

"你们是主的遗产,你们是天国的未来财富;基督为他忠诚的仆人所保留的,我愿已全部赐予我并你们。"15个世纪前,我们伟大的父亲圣彼得罗尼乌在他的授秩纪念日上对博洛尼亚人道出了这些优美的言辞。而我,他的最近一位接任者,在时间上和美德上都与他相去甚远,却与他紧紧相连:因我们都贴着福音,我们都服务于这个城市;今天,我也想对你们说同样的话。[1]

---

[1] 转引自 Lodi,第 244 页。

相隔了15个世纪，这位圣徒仍然以独特的方式活在城中。同为圣徒，他不仅像圣阿格里科拉和圣维塔列一样在天上的基督身边享有永恒的生命；在地上流动不居的时间里，他的俗世生命也越来越丰盈，与那座耶路撒冷影像共享荣光。

（文/徐诗凌）

插图说明

提奥多西一世像。维基图片

公元395年的罗马帝国教区分布图。维基图片

齐米提勒的圣腓力切之墓。维基图片

佛罗伦萨圣十字架教堂布满墓碑的地面。作者拍摄

博洛尼亚圣司提反堂,从广场上可见最古老的三间教堂一字排开。明信片

圣司提反堂历年规模变迁。*Basilica di Santo Stefano, Bologna*, 2010

一家四口圣徒像,现代作品,意大利拉帕罗圣杰瓦西奥教堂。维基图片

阿格里科拉上十字架,15世纪壁画,意大利博洛尼亚圣司提反堂。作者拍摄

奥利金像,16世纪铜版画。维基图片

圣维塔列与圣阿格里科拉教堂内部。作者拍摄

圣维塔列棺面浮雕白描。作者手绘

圣阿格里科拉棺面浮雕白描。作者手绘

圣阿格里科拉和圣维塔列与基督在一起。明信片

书房里的奥古斯丁，波提切利，1480。维基图片

修士向信众展示神奇的木炭，《十日谈》第一个插图本（1492）木刻插画。薄伽丘：《十日谈》，方平译，上海译文出版社，1980年

圣司提反堂下层墓室里，盛有两位圣徒遗骨的圣物盒被高高地供在祭坛上。作者拍摄

竞技场教堂的地下墓堂。明信片

5世纪马赛克中的安布罗斯像。维基图片

米兰的圣安布罗斯教堂。作者拍摄

安布罗斯与孪生子圣徒的遗骨被一起安置在圣安布罗斯教堂里。维基图片

罗马的圣维塔列教堂。作者拍摄

迎接圣骨入城的隆重仪式，5世纪浮雕，德国特利尔主教堂。维基图片

诺拉城中的圣保利诺雕像，现代作品。维基图片

鲁昂主教维特里奇像。明信片

钉在耶稣十字架上的木牌。维基图片

君士坦丁一世与埃莲娜拜真十字架。Jimenez & Bernalt, 1480

4世纪耶路撒冷圣墓大教堂平面图。C. Morris, *The Sepulchre of Christ and the Medieval West: From the Beginning to 1600*, Oxford, 2005

4世纪基督墓复原图。C. Morris, *The Sepulchre of Christ and the Medieval West: From the Beginning to 1600*, Oxford, 2005

1048年耶路撒冷圣墓大教堂平面图。The Church of Santo Stefano: A

"Jerusalem" in Bologna, R.G. Ousterhout , *Gesta*, Vol.20, No.2 (1981), p.312

两处圣墓摹本。C. Morris, *The Sepulchre of Christ and the Medieval West: From the Beginning to 1600*, Oxford, 2005

博洛尼亚圣司提反堂中的圣墓教堂和中庭。明信片

博洛尼亚圣司提反堂平面图。The Church of Santo Stefano: A "Jerusalem" in Bologna, R.G. Ousterhout , *Gesta*, Vol.20, No.2 (1981), p.312

圣司提反堂圣墓教堂穹顶。明信片

圣司提反堂圣墓教堂里的13世纪壁画《希律王杀婴儿》，现存圣司提反堂博物馆。明信片

博洛尼亚的圣墓。*Basilica di Santo Stefano, Bologna*, 2010

博洛尼亚"圣墓"上的三幅浮雕。明信片

彼拉多之盆。维基图片

圣司提反堂和圣墓大教堂平面图局部对比。作者制图

圣司提反堂中庭南侧柱廊上可以见到多个时期的修葺痕迹，墙上除了有石公鸡外，还有历代留下的多个墓碑。作者拍摄

彼得罗尼乌治愈被砸伤的工匠，圣彼得罗尼乌大教堂壁画，1509—1511。明信片

圣司提反堂的本笃修道院与钟楼。明信片

安布罗斯禁止提奥多西一世进入教堂。凡·戴克，1619-1620

圣司提反堂里保存的圣物。作者拍摄

13世纪手抄本中的红胡子腓特烈一世。维基图片

博洛尼亚大学校徽。维基图片

博洛尼亚城中圭尔夫派和吉贝林派的争斗，14世纪手抄本。维基图片

博洛尼亚城中世纪景象。维基图片

博洛尼亚城徽。维基图片

圣彼得罗尼乌大教堂和城市中心广场。明信片

圣彼特罗尼乌像，14世纪早期木版画，存圣彼得罗尼乌大教堂博物馆。明信片

博洛尼亚城中心的双塔和彼得罗尼乌像。维基图片